名人家风丛书

蒙以养正泽后世

——王阳明与王氏家风

本书系2015年马克思主义理论研究和建设工程重大项目暨国家社科基金重大项目“中华优秀传统文化的创造性转化与创新性发展研究”阶段性成果。

名人家风丛书

徐梓 主编

蒙以养正泽后世

——王阳明与王氏家风

黄漫远 著

中原出版传媒集团
中原传媒股份公司

大象出版社
·郑州·

图书在版编目(CIP)数据

蒙以养正泽后世：王阳明与王氏家风 / 黄漫远著.— 郑州：大象出版社，2018. 6（2018. 11 重印）
（名人家风丛书 / 徐梓主编）
ISBN 978-7-5347-9826-9

Ⅰ. ①蒙… Ⅱ. ①黄… Ⅲ. ①家庭道德—中国②王阳明（1472-1529）—家族—史料 Ⅳ. ①B823. 1②K820. 9

中国版本图书馆 CIP 数据核字(2018)第 128944 号

名人家风丛书
徐　梓　主编
MENG YI YANGZHENG ZE HOUSHI
蒙以养正泽后世
——王阳明与王氏家风
黄漫远　著

出 版 人　王刘纯
总 策 划　郑强胜
责任编辑　方　敏
责任校对　毛　路
书籍设计　王莉娟

出版发行　大象出版社(郑州市开元路 16 号　邮政编码 450044)
发行科　0371-63863551　总编室　0371-65597936
网　　址　www.daxiang.cn
印　　刷　洛阳和众印刷有限公司
经　　销　各地新华书店经销
开　　本　890mm×1240mm　1/32
印　　张　5.25
字　　数　110 千字
版　　次　2018 年 6 月第 1 版　2018 年 11 月第 2 次印刷
定　　价　21.00 元
若发现印、装质量问题，影响阅读，请与承印厂联系调换。
印厂地址　洛阳市高新区丰华路三号
邮政编码　471003　电话　0379-64606268

总　序

一个人有一个人的气质，一个国家有一个国家的性格。一个家庭在长期的延续过程中，也会形成自己独特的风气。这样一种看不见的风尚习惯、摸不着的精神风貌，以一种隐性的形态存在于特定家庭的日常生活之中，家庭成员的一举手、一投足，无不体现出这样一种习性。这就是家风。

“家风”一词，最早见于西晋著名文学家潘岳的诗中。与潘岳有“双璧”之称的夏侯湛，自恃文才超群，将《诗经》中有目无文的六篇“笙诗”补缀成篇。潘岳为与友人唱和，写作了《家风诗》。在这首诗中，作者通过歌颂祖德、称美自己的家族传统以自勉。

“家风”又称“门风”，这个词语在西晋出现并在随后流行，显然和“士族”“世族”“势族”“大族”“世家大族”成为社会上的统治力量有关。无论是以宗族为根基、以武力为特质的地方豪族，还是以官宦为标志、以文化为表征的名家大姓，他们政治上累世贵显，经济上广占土地，文化上世传家学，垄断了全社会的主要资源。除通过九品中正制和婚姻关系来维护门阀制度之外，他们还自矜门户、标树家风，用以抵御皇权和寒人的侵渔。正因为如此，两晋以后，这个词语渐次流行。从发轫之初，“家风”就往往和“门风”互用。我们可以将它理解为家庭的风气，将它看作一个家庭的传统、一个家庭的文化。

传统作为人类代代相传的行事方式，是从过去延传到现在的事物。没有经过较长时间的过滤和沉淀，就形成不了传统。在《论传统》的作者希尔斯看来，至少要持续三代人，才能成为传统。尽管世代本身的长短不一，但无论是信仰还是行动范式要成为传统，至少需要三代人的两次延传。家风作为特定家庭的传统，是该家庭长时期历史汰选、传统沉淀的结果，是一辈又一辈先人生活的结晶。在历史文献中，“家风”或与“世德”共举，或与“世业”并称，足见家风有别于时尚，而与“世”即很多年代、好几辈子紧密关联。在时间上持续的短暂性是时尚的特征，而家风则是历经延传并持久存在，或者在子孙后代身上一再出现的东西。正是在这个意义上，历史文献中提及“家风”一词，往往蕴含对传统的继承。如比比皆是的“不坠家风”“世守家风”“克绍家风”“世其家风”及“家风克嗣”等，无不体现了这一特点。

有一种观点认为，家风必须是健康的、积极向上的，否则，不能称之为家风。实际上，这只是说者的一种期许、一种渴盼，家风本身并不蕴含这样的意味。否则，“良好家风”就是毫无意义的同义反复。正如“文化”是使民族之间表现出差异性的东西，时时表现着一个民族的自我和特色一样，家风作为家庭的文化和传统，表现的也是一个家庭的气质和风习，反映出一个家庭与其他家庭的不同之处。它完全是一个中性的概念，并不必然具有正面的意义。有的家风可能是勤奋俭朴、为人忠厚、待人有礼，也有的家风可能是狡诈刻薄、游荡为非、跋扈凶横。如同一所学校、一个班级的风习我们称之为校风、班风，而校风有好坏之分，班风有高下之别，并不总是值得弘扬一样，家风同样也有不良的，并不都是传家宝。正因为如此，对家风或门风则就既有称誉，也有贬损。即便是在传统社会，被视为传家久、继世长的，也只有耕读、忠厚、清廉这样一些美好的品质。

的确，家风的特征在前现代、在乡村社会、在大家庭中表现得十分鲜明，格外生动，而在现代城市家庭中却不那么明显。但是，只要一个组织存在，就会有这个组织的文化，特别是这个组织如果有历史的厚重，有传统的积淀，就更是如此。作为家庭的文化，家风是附丽于家庭而存在的，只要有家庭，就会有家风。家风并不必然会因为农村的城市化、大家族被小家庭所取代而丧失，或者说，随着历史的演进，社会情势的变化，家风的具体内容肯定会有变化，但家风仍然会存在。在社会结构和家庭结构都发生了革命性变革的当今社会，人们感叹“家风”的荡然无存，其实是指家庭所秉持的“只耕田，只读书，自然富贵；不欠债，不健讼，何等安宁”这样一些古典原则的式微，是指“耕读两途，读可荣身耕可富；勤俭二字，勤能创业俭能盈”这样一些传统内容的沦落，是“志欲光前，惟是诗书教子；心存裕后，莫如勤俭传家”这样一些旧时理念的散淡，而不是家风本身的消逝。

此外，家风不同于家规。虽然这两个词都与家庭教育相关，但它们有着本质的差异。

家规是家庭或家族中的规矩，是家人所必须遵守的规范或法度，是父祖长辈为后代子孙所制定的立身处世、居家治生的原则和教条。它是借助尊长的权威，加之于子孙族众的又一重道德约束，有的甚至具有法律效力。它有家训、家诫、家仪、家教、家法、家约、家矩、家则、家政、家制等名义，有敬祖宗、睦宗族、教子孙、慎婚嫁、务本业、励勤奋、尚节俭等多方面的内容，是行于口头、针对性强的具体教诫，是见诸家书、目的明确的谆谆训诲，是载诸家谱、可供讽诵的文本规条。家规可以有多种分类，如：根据其表现形式，可以分为教诫活动的家规和文献形式的家规两种；根据内容，则可以分为针对一人一事、起因明确、内容具体、结果显豁的非规范性家规和针对整个人生、涉及方方面面的规范性家规。有的家规，着重家庭子弟的道德修养，教授为人处世要法；有的家规，集中居家治生，以至是祠堂、义庄、学塾等的管理规条。但无论如何，相对于家风，家规一个总的特点是有形的，是可视可见的。

一个家庭的家风有别于这个家庭世代相传的道德准则和处世方法，它是一个家庭的性格特征。虽然它一旦形成，也就成为教化的资源，对家族子弟具有熏染影响、沾溉浸濡的意义，但它是一种不必刻意教诫或传授，仅仅通过耳濡目染就能获得的精神气质，具有“润物细无声”的作用。历史文献中的“渐渍家风”，就极为生动形象地诠释了这一过程。通俗地说，我们可以把家规看作教化家人的教科书，而家风则是经由长期教化后的结果。

2014年春节期间，中央电视台的“家风”系列报道，引起了社会的热烈反响和高度认同。这一报道对于引导人们自觉省思，培植良好的家风，构建和谐的家庭关系，夯实家庭这一社会的堡垒，进而培养全社会的良风美俗，疗治现今社会的乱象，无疑具有积极的意义。正是基于这样一种用心，《寻根》杂志主编郑强胜代表大象出版社，约请我主编这套“名人家风丛书”。

第一辑十种出版之后，广受读者好评、社会欢迎。众多媒体都曾予以推荐，并入选国家新闻出版广电总局向全国青少年推荐百种优秀出版物、入选第二届中华优秀传统文化普及图书50种图书推荐目录，出版社也一印再印。受这种情势鼓舞，强胜兄按此前我们商议好的计划，不失时机地敦促我们启动了第二辑的编写工作。2016年5月18日，他给我发来了《“名人家风丛书”第二辑编写建议》，第二辑的编写工作由此启动。

受2015年马克思主义理论研究和建设工程重大项目暨国家社科基金重大项目“中华优秀传统文化的创造性转化与创新性发展研究”首席专家于丹教授的邀请，我担任了这一课题子课题“当代中国伦理文明与家教门风的重建”的负责人一职。本辑十种的编写，也是该子课题研究工作的一部分，并受到了该课题的资助，王立刚居中做了大量的工作。

本辑的编写者，依然主要是我的学生，也吸纳了个别对此有热情、有研究的朋友参加。由于时间仓促，特别是水平所限，其中肯定会有这样或那样的问题，诚挚地希望读者不吝赐教，以便我们把这项工作做得更好。

北京师范大学国学经典教育研究中心 徐梓

2018年1月

目录

引　言

2015年3月“两会”期间，习近平总书记强调王阳明的心学是中国传统文化中的精华，也是增强中国人文化自信的切入点之一，并多次在不同场合提到王阳明的学术思想。王阳明，这个已远去数百载的名字，缘何会引起今人如此多的共鸣？

王阳明（1472—1529），名守仁，字伯安，号阳明，明代浙江绍兴府余姚县人，著名思想家、教育家、军事家，累官至南京兵部尚书，封新建伯，谥文成，故又称王新建、王文成。王阳明龙场悟道，“致良知”奠圣学之始，戎马倥偬，战功卓著，史不绝载，心学流芳，传诵百年而有余韵，是一位无愧于“立德、立功、立言”三不朽之称的“圣人”。他这一生，于君王，是忠臣；于学生，是良师；于百姓，是圣哲。人们不禁要问，是怎样的家风，熏染出这样一位“完人”，他的品格情操又带给了王氏后人怎样代代不移的精神力量？

王阳明出生在人杰地灵、名门聚集的浙东余姚，其家族亦称余姚王氏、秘图山王氏，上可追溯至东周时期谦卑恭顺、易“姬”姓为“王”姓的王氏宗祖王晋（姬宗晋），历经太原王氏、临沂王氏、乌衣王氏、三槐王氏……由南至北，又由北及南，流衍千年至王阳明九世祖王季，开始在余姚代代相传。王阳明是余姚王氏的骄傲，他将践行心学、为国尽忠、宦海浮沉的一生所铸就的精神品格，融入源远流长的王氏家风，形成独具特色而又传承既往的余姚王氏家风。几百年来，王氏族人、王门后学们始终秉持着孝悌、忠义、谦恭的高洁品德，一代又一代地谱写王氏家族不朽的传奇。

2015年春节团拜会上，习近平总书记发表重要讲话，指出“不论时代发生多大变化，不论生活格局发生多大变化，我们都要重视家庭建设，注重家庭、注重家教、注重家风……”以王阳明为代表的余姚王氏家风，正是新时代优秀家风的历史观照，每一个中国人，都渴望走近王阳明，走近这位旷世圣哲背后那一片脉脉温情的王氏家风。那么让我们跟随这本书，去体味和感知照耀指引圣哲王阳明前行的绍泽悠长的绵绵家风。

第一章

姚江水流　圣学绵绵

源出浙江四明山的姚江水逶迤曲折一路向东，经余姚至宁波与奉化江汇合后成为甬江，最后注入东海。逶迤绿水烟笼，芳草映堤半红，流淌千年的姚江水滋养着这片浙东沃土。泛舟江上，过往的历史云烟，随着船桨荡起的串串涟漪，浮现在眼前……

姚江穿城而过之处，便是王阳明心心念念的故乡——余姚。明代余姚归属绍兴府管辖。绍兴府下辖山阴、会稽、上虞、萧山、嵊县、新昌、诸暨、余姚八县，气候温湿，土壤肥沃，是物产富饶的鱼米之乡。自古越地多人杰，史不绝书动天下：东汉严子陵，高风亮节传后世；南宋陆游，热血爱国真丈夫；明末黄宗羲，一代鸿儒启蒙父……王阳明出生在余姚，长成在山阴（今浙江绍兴），一生挚爱故乡，写文作序时以“余姚王阳明”自称，临终前仍期盼回山阴与诸同志者相聚会讲。余姚、山阴是王阳明的血脉之地、启蒙之所，更是他一生情感寄托之地。借着王阳明的因缘，走近这片浙东人杰地灵之地，我们似乎可以感受到王家这个江左望族绵延百年的世德家风。

余姚通济桥，始建于北宋庆历年间，横跨于姚江之上，龙泉山位于姚江北岸。此间均有王阳明驻足之迹。王阳明多次写诗深情回忆故乡的龙泉山，如《忆龙泉山》："我爱龙泉寺，寺僧颇疏野。尽日坐枯井，有时卧松下。一夕别山云，三年走车马。愧杀岩下泉，朝夕自清泻。"

第一节　追本溯源

一、源自王族的王姓

王氏是中华大姓，其源流之一可以上溯至东周灵王时期。周灵王的太子姬晋是一位幼有高德的贤明储君，少年时便辅助其父治理天下。但在某次进言时，不慎惹怒了父王，被贬为庶民。庶民便不再是王族，姬晋的子孙们得靠自己的本事谋生。姬晋的儿子姬宗敬，后来担任东周司徒要职。姬宗敬为人恭卑谦顺，不敢以王族之姬姓为姓氏，但又考虑到自己是天家后裔，遂称王姓，并追尊其父姬晋为王氏宗祖，是为王晋。后姬周衰微，诸侯国纷起争霸，王宗敬为避乱举家隐居在平阳郡（今山西临汾，一说山东新泰，一说山东邹城，一说河南滑县），世称“太原王氏”，此后王氏绳绳相继，成为华夏王氏之源。

太原王氏传至十八世，已是大秦天下。当时，陈胜、吴广起义爆发，天下乱作一团，王氏后裔名将王离的两个儿子王威和王元离开平阳郡，远走他乡避乱。王威去了太原广武，在那里繁衍生息，是为太原王氏正脉；王元去了琅琊郡，在即墨的琅琊皋虞（今山东即墨温泉镇西皋虞村）居住，此后子孙瓜瓞相继，形成了中国历史上赫赫有名的琅琊王氏。

琅琊王氏传至五世王袭，又出现了分派。此时已是大汉天下，王袭因任职太原，带儿子王广一起就任，另一子王吉仍留在了琅琊皋虞，后又迁徙临沂。这王吉便是临沂王氏的一世祖，王阳明的嫡传远祖。

二、王家自古有忠臣

临沂王氏的始祖王吉，是西汉汉昭帝至元帝时期的名臣。年少的王吉好学勤勉，精通“五经”，后来以孝廉入仕，担任昌邑中尉，成为昌邑王刘贺的属下官吏。汉代的地方行政机构除了沿袭秦朝的郡县制，汉初还分封了一些诸侯王，形成了郡国交错的局面，而封国内的官职则是仿照中央。王吉效力的刘贺，正是西汉历史上以行事荒唐、不守常道而著称的昌邑王。

刘贺喜欢打猎，臣民们经常可以看见穿着诸侯王服制的刘贺驱驰于封地内，行为无节制。如此有碍国体之事，大臣王吉劝阻说：“我听说古时候军队每天行走三十里，状况好时也才每日行走五十里，而现在大王巡幸地方，不到半日就跑了二百里，老百姓停止种田养蚕，修路牵马。而且大王您坐在车上，奔跑不息，早上冒着雾霜，白天蒙受尘埃，夏天被烈日暴晒，冬天被风寒所袭，弄得疲惫不堪，身体逐渐瘦弱，这不是保全寿命的好办法，也不是提高仁义的好手段。”刘贺为王吉的苦心劝谏所触动，当下就说：“寡人做事有欠妥之处，中尉王吉很忠诚，屡次辅佐我改过。”

后来汉昭帝驾崩，无子，皇位因缘际会地落于刘贺头上。刘贺继立为新帝仅28天，就因“淫戏无度”“所为悖道”被废。树倒猢狲散，旧日的昌邑群臣因不举奏昌邑王的罪过，使朝廷不知，又不能辅佐引导，陷大王于大恶的泥潭，而被下狱问罪，只有王吉与郎中令龚遂因为忠直屡谏得以减免死刑，剃去头发充任城旦。王吉因耿直不阿、忠言敢谏，保住了自己的性命。

汉宣帝时期，王吉还担任过益州刺史、博士、谏议大夫等职。当时汉宣帝效法汉武帝旧日的典章制度，宫室车服比汉昭帝还要盛大，外戚许氏、史氏、王氏贵宠，汉宣帝为政又事必躬亲，常常不得要领。王吉便上疏汉宣帝提出了一系列“宣德流化”的治国方略。可惜，汉宣帝认为他的主张有些不切实际，并没有重视。王吉便心生退意，回到了琅琊老家。

汉元帝即位后，又起用王吉，下旨让他回京城做官，王吉在回京的路

刘贺印章，出土于江西南昌海昏侯墓

上，因年老不支，病逝。王吉这位忠臣，最终的归宿竟也是在忠君的道路上，令人唏嘘。

王吉不仅是位忠臣，也是西汉有名的经学家。“初，吉兼‘五经’，能为驺氏《春秋》，以《诗》《论语》教授，好梁丘贺说《易》，令子骏受焉。”可以看出，王吉对经学造诣颇深，以《诗经》《论语》等教授子弟。王吉的儿子王骏自幼跟随父亲学习“五经”，学养深厚，品行孝慈，清廉正直且淡泊名利。当时王吉因昌邑王之事受刑降职，曾嘱咐儿子王骏不要做王国的官吏。王骏当时已经被举荐为赵国的内史，遵父亲的话，称病不去赵国赴任。汉成帝年间，王骏还担任过京兆尹、御史大夫，但他始终谨记父亲王吉的教诲，为官不以名利为念。到了西汉末年王莽秉政时期，王骏的儿子王崇继承祖父和父亲的遗风，不屑与王莽为伍，辞去大司空高位，闲居在家，布衣蔬食。临沂王氏祖孙三代虽然身居高位，却以谦恭、清廉正直著称于世。这与王吉重视家庭教育、处处垂范子孙的行为方式密不可分，此后的临沂王氏子弟累世为官，簪缨不替，渐成望族。

三、孝悌精神之楷模——王祥、王览兄弟

临沂王氏传到第八世，已经是东汉末年了。这时的王家，出了一对孝友恭恪的好兄弟，他们秉承祖先王吉“宣德流化”的家训，为这个世代官宦之家注入了孝友、仁爱的清流。

哥哥王祥（185—269），字休征，是西晋名臣。他早于魏文帝黄初年间担任徐州别驾，讨破利城兵变。当时民间有段顺口溜：“海沂之康，实赖王祥；邦国不空，别驾之功。”王祥不仅官做得好，品德也十分高

尚，是位出了名的孝子，携“卧冰求鲤”的感人故事跻身古代二十四大孝子排行榜——《全相二十四孝诗选》（就是我们今天所说的《二十四孝图》）。王祥年幼时，母亲就过世了，继母朱氏并不是一位慈祥之妇，她经常虐待王祥，让他打扫牛圈，并且还向王祥的父亲屡进谗言，诉说王祥的不是，使得王父对王祥都不太关爱了。即便如此，王祥也不改初心，侍亲至孝。父母生病了，他就衣不解带地照顾，有好吃的总是先让父母吃。最让人感动的是，继母朱氏爱吃鲜鱼，可时值隆冬腊月，河水冰封，捕鱼无望，王祥孝母心切，不顾寒风飕飕，到村西河内脱光衣服，躺在透心凉的冰上，想用自己的体温暖化冰面，以便捕鱼。就在这时，红色鲤鱼破冰而出，跃然冰上，王祥赶忙抓住，高高兴兴地带回家去，做好给继母吃。乡里人都说：从来没人能在大冬天结了这么厚的冰河里凿冰捕鱼，王祥这个小孩子却做到了，这是他的孝心感动了天地。从此“卧冰求鲤”成为美谈传颂千年，在今天的山东省临沂市兰山区白沙埠镇仍有孝子村、王祥河等纪念王祥孝行的遗迹。东汉末年，王祥带着继母朱氏、弟弟王览隐居庐江，直至侍奉继母去世之后，才出仕为官，至晋武帝时，官至太保。

王祥同父异母的弟弟王览，系继母朱氏所生。王览（206—278），字玄通，在历史上也是一位著名人物，历经东汉、三国和西晋，曾仕曹魏及西晋，西晋时官至光禄大夫。王览不仅是王阳明的嫡传远祖[①]，也是东晋

① 由于与王阳明关系最近的秘图山本支宗谱未能被发现，关于王览是王阳明嫡传远祖的说法未得到学界全面认可，但笔者结合学者的研究成果和王氏其他宗支的宗谱，认为王阳明系王览嫡传远孙的说法可以被采信。

名臣王导的祖父，东晋大书法家王羲之的曾祖父。王览闻名于世，不光因其“后裔世多贤才”开启了江左乌衣王氏九代公卿的繁华大幕，还因其为维护兄长不惜自饮鸩酒的感人故事。

这就又要提及王祥的继母朱氏了。朱氏对自己的亲儿子王览好，却对王祥非常刻薄，经常打骂他。每每这时，王览便抱着哥哥流泪。后来王祥娶了妻子，朱氏更是虐待小夫妻俩，王览便同自己的妻子，和哥哥嫂嫂一起承受。王览如此做法多多少少使朱氏无可奈何，从而让哥哥王祥的日子好过些。后来，王祥渐渐在社会上赢得好名声，朱氏便愈发妒忌，就准备用毒酒来毒死他。王览知道后，一把抢过那毒酒就要自己喝。朱氏因此事渐渐有了些悔意。

中国古语有云，“百善孝为先”“孝，天之经也，地之义也”。“孝”的美德已深深镌刻在中华民族的血肉之中，生生不息，王祥孝心感天，王览悌德流芳，这种孝悌为怀的精神深深影响了王氏后代的价值选择，形成了王氏家族文化中最温情的一脉。在王氏后世子孙王彦达、王阳明身上，我们可以看到这种温情的延续，这也是王氏后代对王祥临终遗言的践行：

> 夫言行可覆，信之至也；推美引过，德之至也；扬名显亲，孝之至也；兄弟怡怡，宗族欣欣，悌之至也；临财莫过乎让。此五者，立身之本。

以此来看，王祥是非常希望王氏子孙能将他兄弟二人孝友爱亲的高尚品格继承发扬下去的。

四、王与马　共天下

“朱雀桥边野草花，乌衣巷口夕阳斜。旧时王谢堂前燕，飞入寻常百姓家。”刘禹锡这首《乌衣巷》描写了“今日”乌衣巷的衰败，同时又巧妙地暗示了昔日乌衣巷的繁华。乌衣巷王、谢两家的盛衰也是两晋南朝史海钩沉的见证。

时间从刘禹锡身处的中唐繁华追溯到400年前的西晋末年。经历了三国之乱世风云后，中国历史进入西晋短暂统一时期。西晋开国皇帝是司马懿的孙子司马炎，他在265年取代曹魏政权建立晋朝，并定都于洛阳。可是太平时日没过多久，西晋政权就在“八王之乱”的重创下有点风雨飘摇了，到了司马炎的孙子晋愍帝司马邺执政期间，整个王朝已处在摇摇欲坠的边缘。316年，继位仅仅三年的晋愍帝司马邺向围攻都城长安的前赵刘

乌衣巷，位于今江苏南京秦淮河上文德桥旁的南岸

曜投降，西晋灭亡了。

两晋时期的皇帝对世家官僚实行保护和放纵的政策。他们所重用的文武大臣，“皆先代功臣之胤，非其子孙，则其曾玄”，久而久之形成了两晋极具特色的门阀士族阶层。这些世家大族通过联姻方式扩大势力范围，触角伸向了政治、经济、文化等领域，甚至左右着两晋帝王的更替。

继西晋之后的东晋王朝，其开国之君司马睿的皇位，就是门阀士族左右皇权的结果。这位东晋开国皇帝可谓中国封建历史上最懦弱的开国皇帝之一。司马睿是司马懿的曾孙，西晋第三代琅琊王，在“八王之乱”时期奉命坐镇下邳（今江苏睢宁古邳镇），由于受到王弥、石勒势力的威胁，就和当时琅琊望族出身的好朋友王导合计，打算从下邳迁到建邺（今江苏南京）。王导（276—339），字茂弘，王览的嫡长孙，琅琊王氏的后裔，临沂王氏的族长。琅琊王氏代有名贤，可是论起真正进入权力中枢，却是从王导率领临沂王氏永嘉南渡，建立起乌衣王氏一脉开始的。290年，司马睿和王导还是翩翩少年郎，他们在司马睿的封国琅琊相遇了。之后的岁月里，王导跟随司马睿出生入死，建立了非同一般的友谊。他们一起在“八王之乱”中并肩作战，一起从下邳移镇建邺。当年，司马睿初到江南，发现南方大族都不来归附于他，甚为懊恼，于是就此问计于他的盟友王导。王导想，这好办啊，于是叫上自己的从兄王敦，合演了一出好戏。

这日是上巳日，也就是俗称的三月三，《周礼》郑玄注曰：“岁时祓除，如今三月上巳如水上之类。”上巳日是一个水边饮宴、郊外春游的节日，杜甫诗作《丽人行》中就有“三月三日天气新，长安水边多丽人”之句。这天，司马睿循例坐上大轿去观看三月三的禊祭，王导精心准备了一支威武的仪仗队，由王导、王敦等北方大族亲自骑马随行，旨在帮司马睿树立在南方士族中的威望。这招果然有效，顾荣、纪瞻等江南大族看到司马睿得到了北方大族临沂王氏的支持，便投靠了司马睿。司马睿在南北大族合力支持下，在江南站稳了脚跟。

司马睿从下邳迁到建邺不久，西晋末代皇帝晋愍帝司马邺的死讯传来，司马睿于317年正式在建邺称帝，史称晋元帝。王导、王敦兄弟也就成了东晋开国功臣，甚得晋元帝的器重和宠幸，几乎有和皇帝平起平坐之势。《晋书》有云："帝（晋元帝）初镇江东，威名未著，敦与从弟导等同心翼戴，以隆中兴。时人为之语曰：'王与马，共天下。'"而《世说新语》中形容得更为夸张，甚至称晋元帝要将龙椅分一半出来给王导坐，晋元帝对王导向以"仲父"称之，元帝的孙子成帝给王导写手诏，都要用上"惶恐言""顿首""敬白"等语……故事虽不可全信，却是当时王氏家族权倾江左的一个写照。

这种名器相予、御床与共的君臣关系，促成了东晋偏安江左的短暂安宁，也造就了王导一代名相的声名显赫。当年随王导南渡的临沂王氏子侄们在江左扎下了根，从此公衮相袭，蝉冕交映，诗礼传家，先后出现了王珣、王昙首、王僧绰、王俭、王方庆等名士，他们或为辅国名相，或是盖世武将，亦为儒雅学者，接续着乌衣王氏家族的繁华。

五、两晋风流数王家

魏晋时期的临沂王氏、东晋南朝时的乌衣王氏之所以传世久矣而不衰，不仅仅是因为子侄布列于朝，而且其子弟人伦斯得，文雅儒素。

南朝梁有个叫王筠的，是乌衣王氏第五世旁支王僧虔之孙。有一天，王筠在和儿孙谈话时不无自豪地说：“大家都说安平崔氏和汝南应氏子弟文采出众，范蔚宗还说崔家世世代代擅长写文章词赋。在我看来，那崔家、应家也不过是出了父子两三辈才子而已，要论起七叶之中名声显赫、德行出众、爵位相继并且人人都有诗文集的家族，除了我王家还有谁？你们看，就连沈约（南朝史学家、文学家，江东高门沈氏出身）先生都说‘我做了四朝的官，见尽了人间百世，还没有见过哪个家族能像王家这样，做官作文都这么好’。”王筠这番话，虽有文人相轻、敝帚自珍的嫌疑，却也不是自吹。

王筠口中的“七叶”，即指从乌衣王氏一世祖王导到七世王筠共七代。如果不包括王导从兄弟诸支系在内，算起来还真是个个有文集。首先，王筠自己就是南朝梁著名的文学家，开创了文集体例史上的一个重要类型——“一官一集”，有《洗马》《中书》等集100卷，王筠的先祖王导、王洽、王珣等人，有文集多则20余卷，少则也有5卷，王筠自傲之语，实不为过。

实际上两晋南朝乌衣王氏的才子真可以用灿若星河来形容，如“书画江左第一，音律众妙毕踪”的王廙，下得一手好围棋的王恬，“王氏青箱学”的代表人物王弘、王彪之、王准之等。可以说，王氏子弟在东晋南朝时期是当仁不让的标领风骚，表率士林。如果要在两晋南朝时期众多乌衣王氏子侄中评选文化领袖，相信王羲之必是不二之选。

在乌衣王氏和其他琅琊王氏、临沂王氏的别支子弟中，写得一手好字的也并不少，王羲之是其中最负盛名的。王羲之（303—361），字逸少，出生在琅琊故地，5岁时适逢永嘉南渡，随族中叔伯一起来到建邺，后来定居在会稽郡山阴县（今浙江绍兴柯桥区）。王羲之是王览的曾孙，王导的堂侄，王阳明的宗亲①，他与王阳明还有一重奇妙的缘分。

根据《王阳明年谱》记载，王阳明的墓地在今天绍兴市柯桥区兰亭镇花街洪溪仙暇山南麓，这块风水宝地是王阳明在世时亲自定下的，与当年王羲之与风流雅士们把酒赋诗的兰亭不过2公里路程。时间回到东晋，晋穆帝永和九年（353），是王羲之任职会稽内史的第三个年头，这一年也是他人生中非常重要的一年，刚刚走过50个春秋冬夏的王羲之，决定在会稽兰亭做一件意义不凡的大事。

兰亭，因越王勾践在此种过兰花而得名。汉代时，这里曾是传递文书、官吏途宿的驿站。晋朝时，相传王羲之在巡游稽山镜水时，发现此亭坐落在与兰亭江相接的镜湖湖口，山水风光俱佳，素爱风雅的王羲之命人整饬修葺，在兰亭旁的溪流边设置了供人列坐的石墩。

这一天是三月初三上巳节，“天朗气清，惠风和畅”。王羲之邀请了会稽城中的名流42人在兰亭参加修禊和曲水流觞活动。这群雅士从郡城登船横渡镜湖，不到两个时辰，就抵达了兰亭，大家列坐在曲水两旁。王羲之宣布修禊仪式开始，并宣布了曲水流觞的规则：酒杯顺曲水自漂而

---

① 明代黄绾撰《阳明先生行状》、明代钱德洪等编《王阳明年谱》以及《王文成公全书·世德纪》认为王羲之为王阳明嫡传远祖，但近年来学界根据王氏各种家谱研究得出结论：王阳明所属的“姚江秘图山派王氏”出自晋代王羲之伯父乌衣王氏大房世系，纠正了王阳明“始祖为晋右将军羲之”之说的错误。

兰亭，位于今浙江绍兴古城西南约13公里处的兰渚山下

下，在谁的面前停下，谁就喝下杯中酒，并当场作诗，作不成诗的人，除了喝杯中酒，还要罚酒一觥。大家热热闹闹地喝酒、吟诗，两个小时很快就过去了，经统计，参加曲水流觞的42人里，作诗2篇的11人，作诗1篇的15人，16人诗不成各饮3觥，这些诗作被编成一本集子以传后世。兰亭曲水流觞活动办得成功，王羲之心中甚是愉悦，这时大家纷纷邀请王羲之为诗集作序，次子涣之、五子徽之连同几个家仆早已将鼠须笔、蚕茧纸准备好了，一砚香墨磨了又磨。王羲之欣然提笔，为此次盛会作序。序文的内容，王羲之早已胸有成竹，只是这序文该用何种字体，令这位书法家犯愁起来……

原来魏晋时期是中国书法书体由正书体向行书体演化时期。正书也叫楷书，是由隶书演化而成，讲究形体端方，规矩整齐；行书，是介于楷书与草书之间的一种书体，它不像草书潦草，也不像正书端正。王羲之琢磨着用一种“亦正行”的字体来写这篇序文。只见他略作思索，便挥毫泼墨，在蚕茧纸上游龙走蛇起来，片刻，324字的“天下第一行书”——《兰亭集序》应运而生。

正如王羲之在《兰亭集序》结尾所写：“故列叙时人，录其所述，虽世殊事异，所以兴怀，其致一也。后之览者，亦将有感于斯文。”他期望后世的雅士文人能和他在不同的时空有相同的所思所想。值得庆幸的是，他的期望在他的宗亲，与他相隔千年的王阳明身上实现了。王阳明向来景慕王羲之，其风骨气节和在精神世界里的痴迷陶醉与王羲之颇为相似，更难得的是，王阳明在书法方面的造诣也颇有其宗亲王羲之遗风。

王阳明受父亲王华、祖父王伦的熏陶，从少年时就喜习书。弘治元年（1488），17岁的王阳明到江西南昌迎娶夫人诸氏，暂住在岳父诸养和（时任江西布政司参议）的官署中。官署内有数箱纸，王阳明每天取纸认真习字，没多久几只箱子的纸都空了，书法也大有进步。他曾对弟子传授习书心得：我开始学习写字，对照临摹古人的字帖，只是得到字的形状。后来拿起笔来不轻易落在纸上，专注思索，静心思考，在心里构造它的形

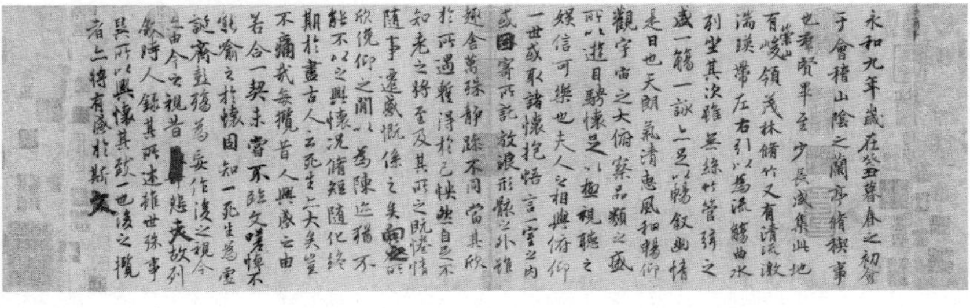

《兰亭集序》摹本

状，时间久了才开始懂得它的法则。

王阳明字写得好，正书沉着刚劲，行书神采苍秀，草书瘦劲坚挺，大家难免把他和王羲之比较。明代书法家徐渭就说：人们说起王羲之，一般只会想起他的书法成就，忽视了他其他方面的优点；说起王阳明，却只道圣学功夫很高，而且建功立业，称为“明朝第一奇人”，但忽视了他的书法境界也是独具一格的。

王阳明先祖一脉由太原世系肇始，兴于临沂世系而至乌衣世系走向鼎盛，历经千年而血脉不断，由北至南而箕裘不坠，成为中国王姓代表性的一脉。崇儒尚经、敦亲睦族、重视家教的家风已经深深扎根于王氏子弟血脉之中，成为一曲传颂千年的传奇。

第二节　勋贤世家

一、宰相的执念

时光的车轮转动着，此时已是南朝梁末年，乌衣王氏第十世王鼒在梁元帝投降后跟随父亲王褒又回到了黄河以北，定居咸阳。王鼒有八个儿子，子孙后居渭南，衍于蜀、闽等地，人丁兴旺，俱不及载。

这里单说和王阳明有关的一支。从王鼒往后数十代，已经是唐末昭宗年间了，这时的乌衣王氏已经传至第二十世王抟。王抟曾当过唐昭宗的宰相，后封鲁国公。王抟的八世祖王方庆是武则天时期的宰相，曾祖王玙是唐肃宗时期的宰相。王抟做宰相的唐末年间，政治环境水深火热。地方上，朱全忠、李克用等节度使都有自己的势力范围；朝廷里，宦官专权，把持朝政。

唐昭宗有心摆脱这种被宦官摆布的局面，与当时和王抟同朝为相的崔胤商量怎么除去这些心头大患，消息不胫而走，传到了这些宦官耳里。平日里，宦官们和藩镇节度使有勾结，互为奥援，如今生死攸关，两股势力更是蠢蠢欲动准备夺权。这时，宰相王抟进言昭宗要识大体，剪除宦官不能一蹴而就，得循序渐进。此言成为崔胤的把柄，他在皇帝面前构陷王抟和宦官是一伙的，同时联合朱全忠（朱温，后梁太祖，取唐而代之），诬陷王抟与枢密使宋道弼、景务修交私，将危及社稷。唐昭宗本来就忌惮权臣坐大，于是判了王抟等人流放，并在蓝田驿赐死了王抟。可怜王抟一位忠臣本一心为国，却在这唐末乱世无端被君王、权臣迫害致死，他的四个儿子也因遭逢剧变，在陕西待不住，各自流亡隐居。王抟的一子王言，来到了魏州（今河北大名东北）一带。

到了北宋年间，王言这一支已经在大名府莘县（今山东聊城莘县）站稳了脚跟，并形成了王氏宗族世系里比较有影响的一支——三槐王氏。

三槐王氏出了祖孙三代名人：王祐、王旦和王素。宋太祖年间，有个叫符彦卿的节度使镇守大名，有人举报他行事不轨。宋太祖赵匡胤最忌惮握有兵权的武将，但就目前掌握的证据来看，也不能将符彦卿抓来开封法办。于是赵匡胤想到，大臣里有个叫王祐的，其老家就在大名，正好可以让他借着衣锦还乡的机会，细查符彦卿。于是赵匡胤把王祐叫到近前，说道：卿此次前去，若能查出符彦卿不法罪状，朕当予你宰相之位。听到皇上如此器重自己，王祐非常欣喜地接下这份差事，回老家把符彦卿认认真真地查了一番，并未发现其行事不端之处。耿直的王祐向赵匡胤回奏符彦卿并无罪行，并以王家百余口人的性命作保。本来话说至此，王祐的任务就算完成了，可是王祐发扬王家世代忠臣的本色，对皇上劝谏：五代的国君都是因为猜忌心太重，滥杀无辜而丢了江山，陛下要引以为戒啊。赵匡胤听了这话非常愤怒，这江山刚刚坐稳，王祐就来触霉头，还专挑自己最忌讳的话说，于是贬王祐为华州司马。

本是众望所归的“宰相”人选，不想一朝不慎，还被贬官。然而，王祐倒也不难过，指着庭院中他亲手种植的三棵槐树，做了一个比较大胆的预测：虽然我不做宰相，但我的儿子必然会做。我的儿孙，必定有人位列三公，这三棵槐树就是标志。显然，王祐心里对宋太祖许其宰相之位又出尔反尔的做法多少有些不服气，通过三棵槐树寄予对家族兴旺的期待。后来王祐的预言果然成真。其子王旦，是宋真宗时期著名的宰相，掌权十八载，为相十二年，襟怀坦荡、做事磊落，为北宋一代贤相。王旦死后哀荣，谥号“文正”，配享真宗庙庭。其孙王素，官至龙图阁直学士、兵部郎中，和欧阳修、蔡襄、余靖合称“庆历四谏臣”。三槐王氏三代为官清廉，勇于直谏，有王门世德遗风，无怪乎苏轼撰文《三槐堂铭》有云：“王城之东，晋公（王祐）所庐；郁郁三槐，惟德之符。”三槐王氏门风呼应着琅琊王氏先祖的盛名，成为时代文化的象征。

二、南渡居浙

家族的命运总是与国运紧密相连。北宋末年靖康之变，徽、钦二宗被俘北上，高宗南面称帝，中国历史开启了南宋时代。三槐王氏家族扈跸南渡，来到余杭仙宅一带（今浙江杭州余杭区仙宅村）定居。王素四世孙王道的次子王补之带着弟弟王辅之过钱塘江，迁居至东林余姚的上虞达溪虹桥（今浙江绍兴上虞区陈溪乡）。后来，王补之的曾孙王季从上虞达溪迁居余姚城内秘图山附近，王季则成为余姚秘图山王氏家族的始祖。王阳明即为秘图山王氏的嫡传十世孙。王阳明出生在余姚县城内龙泉山北麓的瑞云阁中。后来王阳明的父亲王华怀念祖居山阴的秀丽景色，又举家迁回山阴，王阳明生于余姚，长于山阴，两地皆是故乡。

秘图山王氏家族源自东周王氏贵胄，而后从太原迁至山东琅琊，又从琅琊迁至临沂，从临沂迁至建邺，从建邺迁至山东大名，从大名又迁至余杭，从余杭迁至上虞。至南宋晚期，从上虞迁至余姚秘图山附近，从此在余姚这片依山傍水的浙东小县里繁衍生息。兜兜转转千余年，沧海桑田几多事，即使是天家朝堂也不知道换了多少姓，而不变的是王氏子孙绳绳相继的王氏家风。

今余姚王阳明故居纪念馆中原址仿建的瑞云楼

第三节 秘图山王氏

《光绪余姚县志》记载，秘图山原名叫方丈山，位于余姚龙泉山东，山不高，似小丘，山南麓有湖，称“秘图湖”。因秘图山麓背山面水，地理位置绝佳，早在公元前210年余姚建县时，一直是县治所在地，秘图山周边是古代余姚县城的县中心位置。

或许是从北方迁来南方有些不适应，栖居在秘图山边的王氏家族在宋末至明初这一二百年的时间里再没出过什么大人物。且不论比肩魏晋时风光一时的乌衣王氏“公卿将相出其门者十七八”的盛况，就连北宋三槐王氏“吾子孙必有为三公者”的豪言壮语也说不出了。或许，就像好戏开场前不怎么“有劲”的前奏一样，中微百年的秘图山王氏家族在静静地等待着能将这个家族带上荣耀顶点的杰出人物的出现。

不过这一二百年间秘图山的王氏子弟倒也不是乏善可陈，虽不至于建不世之功，立传世之英明，却也是默默地将先祖忠、孝、谦之家风代代相传。

一、忠臣的宿命

历史惊人的相似总是让人感叹造化弄人。若论起这一代代王氏豪杰中，与王阳明境遇最为相似的，当属阳明六世祖王纲了。

王纲（1302—1371），字性常，又字德常。要说王纲，不得不提与其命运纠缠在一起的两个好朋友——赵友钦和刘伯温。

赵友钦的来头不小，而且带点神秘色彩，他有着多重身份——宋皇室后裔、科学家、道士。

赵友钦，字子恭，自号缘督，相传是宋太祖第十二世孙，生活在元末明初年间。赵友钦是浙东一带颇为有名的道士，故对人总自称“终南隐士赵缘督”。古代道士都热衷于做些物理、天文“实验”，扮演着古代“科学家”的角色，赵友钦热衷于对天文历法、数学、光学等问题的思考，并提出大胆假设，然后通过做一些实验来验证。赵友钦在龙游鸡鸣山搭了一个观象台和实验室，常年在那里做着各种有趣的实验。比如他提出了用中天观测法以求恒星赤经差的假设，接着他在一个木架上顺南北方向放两根平行的木板，木板中间留一道缝隙，缝隙正对当地子午方向，其宽度只有三四分。另外准备一套特制的漏壶，以作计时之用。在观测时，一人在架下仰视，当一星来到缝隙中时，就发出声响，另一个人守壶，听到声响，即看壶箭刻画数记之。由两次刻画数之差，就可以计算出相应两颗星的赤经差来。这个实验和近代子午观测的原理是一致的。当然，赵应钦被世人认可的身份是道士，而且是个自带仙气的隐居道士，经常云游在浙东一带，有缘与王纲相遇了。

元末某年，兵荒马乱，王纲带着母亲从余姚县城来到了五泄山避乱（今浙江绍兴诸暨附近）。某日晚上，有一个仙风道骨的道士来王家投宿，王纲发现这位道士气质不凡，应该是一位得道之士，于是问道：“阁下一定是位得道之士，敢问您的大名？”道士回答道：“我是终南隐士赵缘督。”（终南山，道家的发祥圣地）想来赵应钦的大名在浙东一带是响当当的，王纲赶紧将赵应钦让进屋内，与他深谈了一个晚上。赵友钦见王纲谈吐不俗，便把毕生绝学——占卜之术倾囊相授，末了，还给王纲卜上一卦，“王公您以后定当闻名于世，只可惜不能善终在自己的家乡，如果你随我云游四方，或许可以化解”。

赵应钦之邀确实不错，云游也符合王纲素来淡泊隐逸的性格，而王纲受王门家风影响，是个孝子，想到家中的高堂老母，不免面露难色。赵友钦看王纲如此为难，留下一句“王公俗缘未断，我也就不勉强了”，随后飘然远去。王纲虽然没遁世做道士，不过赵友钦留给他的占卜之书却使王纲的孙子王与准派上了用场，王与准后来靠着这些书自学成才，成为余姚远近闻名的占卜大师。

不知是宿命使然，还是赵友钦的占卜应验了，王纲果然客死异乡，非常惨烈。这段故事，就和王纲的另一位朋友，大名鼎鼎的明代开国元勋——诚意伯刘基有关了。

说起刘基，大家比较熟悉的是他的表字——伯温。刘伯温因为襄助朱元璋建立明朝而为人们所熟知，“三分天下诸葛亮，一统江山刘伯温；前朝军师诸葛亮，后朝军师刘伯温”。在老百姓的心中，刘伯温神机妙算，已然成了智慧的化身，被赋予了神话色彩。刘伯温是浙江青田（今浙江温州文成）人，和王阳明同属浙江人士，有明一代，浙江只出了两个伯爵，一个是青田的诚意伯刘伯温，另一个就是余姚的新建伯王阳明。王纲是刘伯温儿时的朋友，常常在一起谈天说地，王纲觉得刘伯温非池中物，来日定会出仕有一番作为，而自己则志不在朝堂，所以很慎重地嘱咐刘伯温："刘兄来日定会是天子谋臣，然而看你的面貌稍有不称心如意的地方，你应该宽厚待人，严于律己。我的爱好在于山水之间，以后你成功了，千万不要用世俗之事来牵累我，那样就很好了。"或许是刘伯温爱惜王纲之才，最后还是向明太祖朱元璋举荐了这位同学故友。

洪武四年（1371），已经七十高龄的王纲奉诏来到京师。朝堂上明太祖朱元璋与王纲相见，令朱元璋感到惊讶的是，70岁的王纲牙齿、头发和精神面貌就像壮年一般。这王纲虽然生性淡泊，抗拒做官，但是面对朱元璋询问治国对策却也知无不言，言无不尽。朱元璋获此良臣很是欣喜，当即就授王纲做兵部郎中。

兵部郎中是个什么级别呢？按照《明史》中对职官品级的描述，王纲这个兵部郎中是正五品的官衔，虽然职衔低于其六世孙王阳明担任过的正二品南京兵部尚书，不过初次见面就被皇帝委以正五品官职，相比王阳明为官十余年才做到的正六品兵部武选清吏司主事还要高两个品级，足以说明朱元璋对王纲的欣赏。

当然，君王的欣赏总是有代价的。前文说到，王阳明的宿命和其祖王纲甚为相似，正是这十二个字"为国尽忠，死于异乡，魂归故里"，王纲的厄运就从担任兵部郎中开始了。

在王纲当上兵部郎中的第二年，广东潮州爆发农民起义。当时潮州起义军有千余人，并且占领了揭阳、潮阳两县。明太祖朱元璋想起了不久前亲自任命的兵部郎中王纲，就擢升他为广东参议，前往广州督办兵粮。王纲接到圣旨，给自己的命运下了一个判断："我这趟去广东怕是有去无回了。"即便是有不好的预感，他还是带着16岁的儿子王彦达义无反顾地登上了去潮州的快船。据说王纲到了潮州，以儒家伦理劝诫百姓勿与朝廷为敌，百姓当即心服口服，磕头认罪。这种说法未免有些夸张，不过倒也可以看出王纲以德服人的行事作风。

此次起义的风波算是暂时平息了，可是在回增城的路上，王氏父子遇上了海盗。

有明一代海盗甚是猖獗，沿海百姓不胜其扰，尤其是广东潮州地区，由于地处广东最东部，与福建交界，为浙闽经海道入粤的门户，又有韩江贯穿全境，从韩江入海口可溯流而上到达闽西和赣南山区，因而广东潮州地区从元末以来就屡受海盗侵扰。这次王纲父子遇到的海盗是曹真及其同伙。海盗曹真听说王纲平定潮州叛乱路过增城，便领着手下一帮人敲着大鼓向王纲列舟行礼，想请王纲担任他们的头领。王纲义正辞严地斥责曹真等人："你们是何人？当今天子下诏要平定四方叛乱。你们本是良民，应该在这太平盛世下安分守己，如果挑起动乱，那就是自找死路。"

王纲这番话若听在明太祖朱元璋耳朵里自然是舒服的，可是曹真等海盗听来就不是滋味了，经过几天的劝降，王纲还是不为所动，众海盗便把这位70岁高龄的忠臣杀害了。一直陪在父亲身边的王彦达目睹此等惨状，又是愤恨又是难过，出于一片孝心，王彦达强烈要求陪父亲去死。曹真等人认为，杀忠臣本来就不是什么光彩的事情，如果再杀孝子的话，恐怕要遭天谴，于是海盗们将王纲的遗骸装在一个羊皮袋子里，交给王彦达，放他回去。就这样，王彦达背着父亲遗骸，千里迢迢地回到了故乡浙江，将父亲下葬在余姚老家，实可谓“父死于忠，子殚其孝”。

可叹王纲一代忠臣，为国操劳而命丧异乡，直到洪武二十四年（1391），御史郭纯把王纲的事迹禀告朝廷，朝廷才在增城为王纲立庙，同时想起用王彦达，但是王彦达洞炼世事，实在无心仕途，只求平淡度日，于是拒绝了朝廷的征召，在故乡耕田奉母，终生布衣。

王纲与王阳明人生最后的路都是充满悲情的。王纲本来决心晦迹长遁，迫于无奈以70岁高龄出仕为官，但他并不敷衍了事，只等退休，而是处处以忠君为念，让人感佩。王阳明在疾病缠身之时被明武宗派去平定广西叛乱，屡屡请奏告病回乡而不被批准，最后病死在异乡，让人唏嘘。即便未遇到明君，王纲与王阳明无疑也恪尽了忠臣的本分，实乃王氏家风如是。无怪乎百余年后，王阳明在拜谒六世祖庙祠时感慨道：“至于心之不敢以不自尽，则亦求无忝于我祖而已矣。”似乎在褒扬先祖，也在激励自己。

二、不羡青云登龙庭　只愿深遁四明山

王阳明的高祖叫王与准，是孝子王彦达的儿子。王彦达年仅16岁就目睹了父亲王纲惨死海盗之手，又经历了朝廷对忠臣的无情，心灰意冷，看透人生，从此回到余姚老家布衣终生。王彦达似乎在临终前对年少经历的这些事无法释怀，给儿子王与准留下这样的话：“为父这一生没为官做宰，家里值钱的东西也不多，唯独你祖父遗留下来的书，留给你做个纪念

吧。还有一句话一定要嘱咐你，千万不要想着做官，切记切记。”王与准充分发扬了王氏孝顺谦和的家风，一生待在余姚关起门来研究祖父留下的筮书，渐渐地琢磨出了门道。

卜筮，在古代就是占卜、算卦的意思。古代民间认为，经过神圣的求卜过程，那些自然物也就获得了神圣的象征意义，它们呈现出来的形状不是人为的结果，而是神灵和上苍的赋予，是神灵的启示或告诫。根据《史记》《周易》《尚书》等古籍记载，占筮可以上溯到伏羲、黄帝的传说时代。而为广大人民所熟悉的《易》在早期一度被作为占筮界的指导规范。

王与准研读祖父留下的占筮书，觉得自己道行很浅薄，于是拜四明山一位姓赵的高人为师，继续学习《易》。这位赵先生看王与准谈吐不凡，仪表不俗，就想把族妹许配给他，还劝王与准出仕为官。不过，王与准时刻铭记父亲临终遗言，说道：“先生昨日给我讲《易·乾·文言》这段时不是说了吗，‘不为成名而有所作为，逃避世俗而心无烦恼’（不为成名，遁世无闷），我很是认同，所以我决定把这句话作为我一生的座右铭。”

1402年，明成祖朱棣新皇登基，下诏全国访求遗逸为新政权服务，像王与准这样出身比较显赫，又有专长，自然被列为访求遗逸的重点对象。这时，吏部的访遗逸使者来到余姚，打算征召王与准去做官，与王与准有点过节的县令乘机告了一状，说王与准的祖父是为国而死，但是他们王家人觉得朝廷没有抚恤到位，一家人心存怨怼，发誓都不当官。

这县令与王与准有什么过节而硬要和王家过不去呢？原来王与准卦算得又好又准，在绍兴府占筮界小有名气，就连县令都慕名派人找他占卜，开始王与准还勉强帮忙卜算，不过后来县令的使者越来越勤，有时甚至一天来两三次，大到婚丧嫁娶，小到出门买菜，都要算算凶吉。王与准对官府本来就没什么好印象，这下更是被激怒了，扔下一句话“我不能像术士一样，天天奔走公门，谈祸福”，并且当着使者的面把自己的那些筮书给烧毁了，以示划清界限。王与准的做法让县令好没面子，于是便有了前文的告状之举。

朝廷访遗逸的使者听县令这么一说，便把王与准的三个儿子给拘捕起来，还派人去四明山搜捕已经隐居多时的王与准，王与准听说有人要抓他去做官，不得不往四明山更深处逃跑。在逃跑过程中他不慎跌入山崖，腿部受伤，最终还是被访遗逸的使者发现了。使者见王与准如此费尽心力逃跑，觉得应该是有什么隐情，便细细询问，王与准将自己懊恼官府、焚毁占筮书籍和被迫隐遁深山的原因和盘托出，使者听后甚是怜惜，决定放王与准归去，以全他的孝心和志向。末了，征访使者好意提醒：“王公您不想做官虽然我们可以理解，但是也怕您因为这事获罪于陛下，我看您几个儿子都气度出众，不如就选一个儿子代替您报效国家吧。”无奈之下，王与准同意让儿子王杰到县学补廪贡生，这件事才算解决。

三、读书不为求功名

王杰，字世杰，是王与准的儿子，王阳明的曾祖，慕先世三槐王氏英名，自号“槐里子”。当年王与准不愿出仕，王杰替父分忧，去当廪贡生。王杰也是天生读书的料，14岁时就已经精通“四书”“五经”及宋朝诸位大儒的学说，所以他进入县学后就表现得十分优异。当时县学的教谕程晶有点小才，十分倨傲，对生徒们并不是很客气，但是对王杰推崇备至，甚至夸他是“当世黄叔度”。

黄叔度是何许人呢？黄叔度，名宪，号征君，东汉著名贤士，慎阳（今河南驻马店正阳）人。黄宪在东汉慎阳一带非常有名，年仅14岁时就被东汉名士荀淑（此人是荀彧的祖父）夸奖为“当代颜回”。当时有个叫郭泰的太原人在慎阳郡游历，他先去拜访袁阆（慎阳名士），没有留下过夜便告辞了。又去拜访黄宪，却一连住了几天才返回。有人问郭泰是什么原因，郭泰说：“袁奉高（袁阆）的才具，好比泉水，虽清但容易舀取。而黄叔度却如千顷汪洋，无法使它澄清，也无法使它混浊，不可估量。”可见，黄叔度的才学贤德在当时是非常有名的。

王杰受到程老师如此高的褒奖不是没有道理的。根据史料记载，王杰的著作颇丰，有《槐里杂稿》《易说春秋》和《周礼考证》，其中《易说春秋》和《周礼考证》被当时余姚的翰林编修戚澜的父亲冷川先生夸奖为“近世儒者皆所不及”。可惜，王杰在南京国子监过世时，他的儿子们都不在身边，《易说春秋》和《周礼考证》被王杰的同学存留，后人也不知其所踪。

王杰不仅文采斐然，道德修养也十分高尚，颇有王氏先祖的遗风。其朋友经常说王杰仪观玉立，秀目修髯，远远看去像位圣贤。王杰倒也不负这圣贤之名，时时用圣贤的标准约束自己的行为。他要求族中子弟多学习春秋时期曾子为人洒脱、不为高官厚禄所动的气节和志向。

秘图山王氏从王纲开始，祖孙几代人一直都有隐逸情怀，个个都热衷于做“隐儒”。如王纲的儿子王彦达，自号“秘湖渔隐”，王与准自号“遁石翁”。到了王杰这一辈，机缘巧合地做了县学廪贡生，吃上了皇饷，不得不往仕途上发展了。某年，王杰参加科举考试，按规定，考生须散发脱衣接受检查，以免夹带作弊的东西。王杰觉得此举是侮辱，未进考场而返，从此不再参加科举。

虽然王杰自己早就拿定主意，将仕途前程全不放在眼里，可是王杰的老母却不这么想，不做官就没有俸禄，没有俸禄家里只能靠耕种为生，长此以往，日子是越过越清贫。宣德年间，朝廷颁下诏书，要求各地推荐一些榜样式的人物破格录用，当时王杰正在县学学习，县令黄维雅有意推荐王杰，连行李、仆从等都帮王杰准备好了，可是王杰说家有老父要奉养，实在是不能去做官，这事才作罢。其父王与准去世后，县里官员又想举荐王杰，怎想到王杰这次的理由是奉养老母，并把被举荐的机会让给了好友李文昭。王杰的老母虽然也理解孩子想做个隐士的志向，却也担心王杰生活没有着落，于是在临终前嘱咐王杰：“孩子啊，我死后你还是出仕为官吧。”王杰听从母亲的嘱咐，接受县里的举荐去了南京国子学，可惜的是，王杰并没有完成老母的心愿，还没做官就在南京国子监去世了。

虽然王杰一生被师友视为才德俱佳的人物，可是他却更向往先祖隐逸的情致和洒脱的性格，一心想将秘图王氏摒除在世风日替的龌龊声浪之外，把“隐儒”风范的家族文化力量继承下去，着实令人感佩。王阳明在之后的岁月里，屡被朝廷苛待却无半分怨怼，想来是对其祖洒脱隐逸精神的认可和继承。

四、有儿孙如此，夫复何求

明成化十八年（1482），古运河上，一艘航船不疾不徐地往北而行，船上坐的是成化十七年（1481）辛丑科状元、翰林院修撰王华的父亲和长子——王伦与王阳明。

这是王华担任翰林修撰的第二年，虽然修撰只是从六品文官，却是极为清要的位置，因为修撰们可以通过经筵讲、日讲等活动近距离接触皇帝，未来还有机会跻身内阁，成为明代的“宰相”。

王家自定居余姚秘图山以来，一直都坚持在余姚乡间做隐士，虽然王伦淡泊名利，但其儿子王华中了状元，入了翰林，住在北京，王伦心里也着实高兴。王华派人来余姚接他去京城奉养，他带着11岁的孙子王阳明登船北上了。

这王家祖孙走的是水路，从余姚直接登船，经杭州、嘉兴、苏州、无锡、常州、镇江、扬州、淮安、徐州、临清、德州、天津，然后在北京附近的通县下船登陆，一路通达方便，所过之处，都是当时帝国最繁华的所在。

京杭大运河的历史十分悠久，公元前486年吴国开始修建运河，隋文帝开皇四年（584）以后，人们便开始延伸运河，至永乐十三年（1415），运河南端从黄河到扬子江的一段也疏通了，整条运河自北京向南一直延伸到上海的南面，即临海的杭州，成为帝国南北交通运输的命脉。

此刻安坐在船上的王伦思绪翩翩，儿子王华一举成名天下知，为王家百年寂寞的门庭增添了无上的荣耀，自己这一辈子，能培养出这么优秀的儿子为祖宗争光，于愿足矣。运河水静静地流淌着，往日的点滴涌上心头。当年父亲王杰英年早逝在南京国子监，家贫无所依，唯有先祖们留下的数箱书籍，小王伦每每打开书箱，都会暗自垂泪，发下“此吾先世所殖也。我后人不殖，则将落矣”的宏愿，所以即使家道中落，环境不好，却也不负先人志向，日日刻苦读书，尤其喜欢《仪礼》《左传》和《史记》。由于王伦学识渊博，在余姚小有名气，刚刚行完冠礼，就被浙东大家争相聘请当家塾先生。如今，做塾师也做了半辈子了，不想自己最得意的教学成果竟是这状元儿子，半生甘苦真是令人回味无穷啊。

船仍然一路向北而去，过了富饶的杭嘉平原，来到了镇江。

镇江古称京口，宋王安石有诗云“京口瓜州一水间，钟山只隔数重山”，镇江和长江北岸的扬州（古称瓜州）隔江相望，是大运河上沟通南北的要埠。历史上许多名人骚客都在镇江留下了动人的故事，如地处长江江心的焦山，是东汉名士焦光的隐居之处，紧靠长江的北固山上有建于东吴年间的甘泉寺，相传三国时期刘备求娶孙尚香的故事就发生在此处。明代的镇江商客云集，人文鼎盛，那是异常的繁华热闹啊。这日，听闻新科状元的父亲和儿子来到，镇江的名流雅士在黄昏时分于金山寺摆上了酒席，款待远道而来的祖孙二人。

金山寺是江南一带著名的寺庙，有着许多动人的传说。家喻户晓的青、白二蛇“水漫金山”的故事就发生在此处。不远处金山妙高峰上的妙高台是宋代文豪苏轼时常驻足的地方，留下了很多他与佛印禅师互动的有趣故事，后来南宋抗金女将梁红玉在金山妙高台为夫击鼓助威，为金山增添了一抹悲壮的色彩。

文人雅士聚在一起，必不可少的项目就是吟诗作对了。镇江众名士想到王伦是状元之父，必有佳句，正在大家拭目以待王伦佳作时，11岁的王阳明早已应声而诵：“金山一点大如拳，打破维扬水底天。醉倚妙高台上月，玉箫吹彻洞龙眠。”

在座宾客听之大惊，这首诗虽然格律不甚整齐，却是颇有气势。宾客中有一人想再试试王阳明的诗才，于是起身说道：“小公子能否以山、月为题，再作一首与我等听听？”

王阳明也不怯场，思忖片刻，吟道：“山近月远觉月小，便道此山大于月。若人有眼大如天，还见山小月更阔。”

众人听完更是一惊，纷纷向王伦赞道：小公子才思敏捷，见解甚高，来日必有大作为！

究竟这两首引得镇江名士交口称赞的诗作好在哪里呢？

王阳明这两首诗的共同点都是从时空着眼，表面上是描写当下景物的意向，实际上揭示出心理时空的奥秘，说简单点就是实与虚的结合，颇有心学气质。比如第一首诗，诗人将天上月和世间山水联合思考，组成一幅“水月玉箫”图，动静相间，实中有虚，读来令人飘逸自在。而第二首诗中，诗人从山、月大小的物象感知入手，用浅显的语言解释事物的辩证关系，读来让人深以为意。两首诗出自11岁的稚子之口，不禁让人佩服王家家学渊源，学养深厚。

童年时期的王阳明一直和祖父王伦生活在一起，到弘治三年（1490）祖父去世，王阳明一直受祖父鞠育教养，可以说王阳明少年有才，11岁就能赋诗写句，和祖父王伦的启蒙关系甚大。王伦虽不曾科举登榜，在学问上不及儿子王华，事功上不及孙子王阳明，却是一位道德文章兼备的隐士。所谓“观其友知其人”，看王华、王阳明如此优秀，想来也是得益于王伦言传身教的培养，这何尝不是一种家风的传承？

第二章

风华浊世的翰林清华

古语有云：公侯子孙必复其始。这话虽然有点唯心，却有一定道理。公侯世家重视对子弟道德修养的养成和学业的督促，那么即使一时时运不济，落了下风，但凭着家族世代相守的家风气质，迟早能重振家族。余姚王家就是这样一个典型案例。早在永乐年间，国子监祭酒、江西南昌人胡俨就曾预言："王氏自汉吉、祥至祥、览，皆以令德孝友垂江左。联绵数百祀，门第之盛，天下莫敢望。中微百余年，天道未为无意也。元末时，其先世尝遇异人，谓其后必有名世者出。"胡俨一语成真，明正统十一年（1446），太原王氏七十三世，余姚王氏第九世王华出生了，对于王家来说，这不仅是一个新生命的诞生，更意味着这个家族在明代的荣耀即将开启。

第一节　少年才子

一、与众不同的才子

明英宗正统十一年九月，王华降生。出生的前夜，孟氏（王杰之妻）做了一个梦，梦见自己的婆婆赵氏（王与准之妻）身穿红色的衣服，腰上佩着玉带，怀里抱着一个童子朝自己走来。婆婆把这个童子放到她手中，口中念念有词："你对我这么孝顺，你的媳妇岑氏也对你这么孝顺。我和你王家祖先向上天请求，看在咱家世代孝友和睦的分儿上，给我们一个乖孙，让我们王家世世代代荣华富贵。"次日，王伦的妻子生了个儿子，取名王华，似有暗合祖母梦中"荣华富贵"之意。

这个看似颇为玄幻的故事可见于正史《明史》。可以理解的是，封建士大夫为了美化帝王伟人、圣贤名儒，大都将他们出生的故事极力和天界神仙沾上边。王华出生时的故事虽然略显俗套，也并不是全然不可采信，也是借由美梦的传说饱含着祖母对孙儿的殷殷期望。

王家自迁居余姚以来，一直过着世代隐遁的生活，隐居也没什么不好，隐士在古代也是人人称羡的职业，隐士并不是人人做得，家家可仿，首先“隐”要有一定的经济基础，其次“隐”得隐出一定名气，最后，“隐”得要有水平，君不闻，“大隐隐于市”之说嘛。王家到了王伦这一代，虽然还“隐”着，心头却也动了点对荣华的憧憬。正所谓“一士登甲科，九族光彩新”，王伦心下已经立定主意，要集中精力把幼年王华往仕途这条路上培养。

这里有必要回顾一下明代的科举考试制度。明代的科举考试分为三级，乡试、会试和殿试，除此之外，还有没被纳入狭义科举体系，却也是成为状元必过之门槛的童生试。以王华为例，他如果想考中状元，首先要参加童试。童试，即童生试，包括县试、府试、院试。通过童试者，取得生员资格，方有机会迈上科场之路。童试虽然是士子登科的第一级阶梯，却别以为简单，有些人考到七八十岁也没有成为生员。王华参加县试前，要向余姚县礼房报名，填写姓名、籍贯、年岁、三代履历，并取得本县廪生保结，然后在二月份参加余姚知县主持的县试，连考4—5场（明代县、府试考试场次随意性比较大，直到清代才形成考试场次的定制）。顺利通过后，便要在四月到绍兴府参加由绍兴知府主持的府试。明代府试录取率比县试、乡试都低，所以府试是童试阶段难度最大的一关，在连考三场通过后，就等着参加由中央下派的提学官主持的院试。院试并不是年年都有，一般是三年一次。院试通过后，王华即获得了他的新身份——生员（俗称秀才），至此，王华的童试全部程序结束，而他也刚刚迈开科考的第一步。王华接下来的任务就是要参加三年一次的乡试了，乡试可不是按字面理解的乡村里的考试。明代乡试指的是全省统考，定在子、午、卯、酉年的八月，王华要收拾行装前往浙江布政使司衙门驻地杭州府应考，乡试考三场。据史料记载，明正统至成化年间，浙江省乡试中举率为3.3%，即31人取1人，其竞争激烈可想而知。余姚才子王华接连参加了几次乡试均名落孙山，直到成化十六（1480）年，王华终于在浙江省乡试中考取第二名，拿到了通往京城青云之路的通行证。成化十七年（1481）二月，王华生平第一次来到京师，参加由礼部主持的"国考"——会试，在这次考试中，王华发挥不错，获得了参加殿试的资格。三月十五日一大早，王华整肃衣冠，赴太和殿应殿试，直到日落时分，试卷才算答完。三日后，传胪唱罢，金榜公布，36岁的王华得中成化辛丑科一甲第一名，俗称"状元"。

由此可见，要在明代考取一个状元实属不易，若是能顺利地将这层层考试过程走下来也基本上都30岁以上了，更别提在某一级考试中出些什么岔子，犯了某个忌讳的情况，所以很多考生从青涩少年考到垂垂老矣也只能捞得一个秀才的身份。而有的考生即使历经艰辛，走到殿试这最后一步，也会因为一些滑稽的理由，和状元名位失之交臂。如建文二年（1400）殿试，本来已经取江西吉水人王艮为一甲第一名，可是建文帝觉得王艮相貌丑陋，不堪匹配名重天下之名，最终只能屈居第二位榜眼；再如永乐二十二年（1424）殿试，朱棣本已取孙曰恭为状元，后转念一想，"恭"字形似"暴"字，甚为不详，于是降孙曰恭为榜眼。还有那些因为避讳、避嫌等原因错失锦绣前程的考生更是不计其数。王华能在诸级考试中胜出，还能顺利避过这些不确定因素，除了运气不错，和王家深厚的学养、王伦的悉心教导是分不开的。

小时候的王华就表现出为科场而生的素质。自古士子想要登第，第一要紧的功夫便是博闻强记。随手翻开《明史·列传》，经常见“某某，为人博闻强记、善文词，熟国朝典故……”“某某，弱冠登朝，博闻强记……”等语。王华自然也是，幼年时就警敏绝人，才刚刚会说话的年纪，就被父亲王伦抱在怀里，亲自教授古诗，王华总是刚刚听完，就能背诵。等到稍稍长大了一点就能做到对书本过目不忘，11岁左右就能将儒家经典《周礼》《仪礼》和《礼记》烂熟于胸。不过想要进士及第，甚至高中状元，光有点读书的天赋可不成，须知参加科举的士子千千万，谁又不是早早发蒙，被父兄耳提面命着过来的，所以这里就谈到登第第二要紧的功夫——勤奋。历史上但凡有名号的士子，背后都有几段心酸的读书故事。如北宋名臣范仲淹，在中进士前曾在应天府书院（时称南都学舍）学习5年，其间他日夜苦读，晚上休息也是衣不解带，为的是节省出更多的时间看书。如果觉得昏昏欲睡，就用凉水洗洗脸，有时看书看得忘记吃饭，直到日头偏西才吃一点点东西。王华刻苦学习的逸事也很多。往日里母亲岑氏坐在窗下织布，王华就会坐在边上读书。一个迎春佳日，小孩子们都在外面玩，母亲看王华还是这么辛苦地读书，便叫他出去和大家一起玩玩放松一下，岂知王华正色回答道：“母亲您错了，游玩哪有看书有趣？”岑氏看见爱子这么爱学习，不禁大喜过望，甚是欣慰。节日游玩本是孩童天性，王华却能超越本性，体会到读书的乐趣，确实是难能可贵。

明清科举关卡重重，自童试至殿试，至少要经过十数场的考试甄别，由于科场设施简陋，考试时间漫长，士子们往往是苦不堪言，若逢刮风下雨，则有可能浑身淋透，哆哆嗦嗦地完成一天的考试，抑或遇上天气炎热，号舍（考场）内白天苍蝇骚扰，晚上蚊子袭击，更遑论在交通不便的古代，应试者千里迢迢一路颠簸赶考，如清朝初年，湖南、湖北乡试只设一考场，所有应试者都要赶赴武昌应考，而湖南士子要去武昌，路近的要一二千里，路远的甚至要二三千里，而每年八月乡试，正是八百里洞庭湖汛期，“波涛腾涌，舟楫倾危”，湖南士子屡屡溺亡于洞庭湖中。所以科举考试既是脑力劳动，又是体力劳动，甚至还有生命危险。因此这登第的第三要紧功夫就是面对万难不渝的强大的心理素质。王华11岁入乡塾受教，当时县令来私塾视察，其他同学都不读书跑去看，以致影响了正常的课堂秩序，只有王华充耳不闻，依旧高声诵读手中课本。乡塾里的钱先生感到奇怪，便问王华：“你这样倨傲，要是县令怪罪下来，你怎么办？”王华答道：“县令也是人，去围观他又能怎么样？更何况县令也不会因为我读书而责备于我。”钱先生闻听此言，不禁佩服王华的德行气度。

巧的是，少年王阳明也经历过类似的县令视察故事。11岁前的王阳明还在老家余姚陆恒的私塾里读书。陆恒和王华、谢迁都是儿时的玩伴，不过时运有些不济，谢迁、王华先后高中状元，陆恒在功名这方面却逊色他们很多。不过王华很佩服陆恒的才华，放心地将长子王阳明放在陆恒处受教。这天县令胡瀛来塾里视察，与父亲王华不动声色安静读书不同的是，王阳明闹腾不止，一会儿学老师读书腔调，一会儿点评其他同学文章。胡县令见王阳明有趣，又是状元之子，便信口问道：

“你来说说，什么是人间第一等事？”

王阳明答道："读书做官虽然重要，但算不得人间第一等事，学为圣贤才是人间第一等事。"

小小年纪的王阳明，就展现了不同于其祖其父的胸襟抱负。

关于王华心理素质好的故事，《王阳明全集》中《海日先生行状》记载了一段颇为离奇荒诞的故事。古时读书人总爱寻一偏僻静谧之处隐居苦读，以便专心而不被世俗牵绊。王华14岁时，曾经与友人在家附近的一所古旧的寺庙里读书，相传寺庙里常有妖怪作祟。同王华一起读书的有几个富家子弟，一向任性惯了，不仅不相信寺庙里有妖怪，还经常欺辱寺中僧众，寺庙中的出家人被这些富家子弟欺辱得苦不堪言。一天，妖怪果然出来伤人，寺僧乘机夸大其事，吓得这些富家子弟跑回家去，唯独王华仍然像往常一样，读书、睡觉，别无二致，妖怪也就再也没有出现过。寺僧既诧异又感到奇怪，难道妖怪也吓不走王华？于是大伙一合计，决定"以人扮妖"，每天晚上寺僧们登上屋顶大笑，向王华的床铺扔瓦片，要不就是乘着雷电风雨的夜晚狂敲王华房门。在这一系列的恐吓之后，大家想去看看王华是不是被吓得晕倒了，凑近墙壁的缝隙往屋内瞧去，只见王华正襟危坐，气定神闲，并无半分惧色。经过多次试探，寺僧已经黔驴技穷了，不得不拜服王华，其中有一僧人问王华：

"向来妖怪作祟都会伤人，为什么您就一点不怕呢？"

"我有什么好怕的？"

"和您一起来的那些书生走后，妖怪还没有停止作祟。您怎么会不知道呢？"

"妖怪作祟没见到，倒是看见小沙弥作祟。"

听得王华此言，众僧明白了，他们扮鬼吓人的事情可能已被王华洞悉，于是心有不甘地继续打探：

“先生不知，这有可能是我们寺庙里已经坐化的师兄的鬼魂作祟。”

王华笑答：“倒不是什么师兄，是健在的师弟们作祟。”

僧人回应道：“先生您又没有亲眼看见，怎么就断定是我们这些人干的呢？”

王华答：“我虽没有亲见，但是想来若不是你们干的好事，怎会知道我撞邪了呢？”

最后，众僧向王华道歉，并预言王华他日“福德何可量”。虽然这只是一个故事，却也反映出王华超凡的心理素质和推理能力。少年王华家学渊源，读书勤奋，心理素质又强于常人，所以他日蟾宫折桂并不是难事。

二、德才兼优，品行出众

正所谓：“太上有立德，其次有立功，其次有立言，虽久不废，此之谓三不朽。”古人向来看重德行，身为君子，或许可以不立尺寸之功，或许可以无半本著作传世，却不能没有德行，所以但凡我们看到的流芳后世的名贤都有感人的道德小故事。王家自太原始祖起传承近百世，世德流芳，远有王祥、王览这样的孝悌楷模，近有王纲、王彦达“父死于忠，子殚其孝”的忠臣孝子，受良好家风熏陶的王华，在孩童阶段就具备了诚实、重义轻利的品格。

《海日先生行状》中记载了这样一个故事。6岁的王华与一群孩子在河边玩耍，见一醉汉在河边洗脚，洗完脚后晃悠悠地离去，不想其将钱袋遗忘在河边，被王华拾获，王华打开一看，钱袋里有数十金。王华本想寻到醉汉把钱还给他，可是醉汉早已走远不知去向。王华想，等醉汉清醒过来定会回到河边找他的钱袋，但是钱袋里这么多钱，若是被歹人夺了去可不好，于是王华将钱袋沉入水中，自己坐在河边等着醉汉前来。

不多时，那醉汉果然哭丧着脸跑到河边来，王华一眼就认出了醉汉，问道："你是不是来找你的钱袋的？那钱袋现在就在水中。"醉汉闻听此言，忙止住了哭声，跃入水中，将钱袋取出。钱袋失而复得，醉汉慷慨地拿出一金给王华作为酬谢，王华说道："我连你钱袋里的十金都不要，怎么会要这一金呢？"醉汉惭愧不已，一定要跟着王华到家里，不管年老年少，见人就拜，见人就夸，王华名声自此传遍乡里。

第二节 任教祁阳

王华真正在余姚一带名声大震是在明英宗天顺六年（1462）。其时王华17岁，细目美髯，身材魁梧，正是一个翩翩美少年。从其11岁入乡塾师从钱希宠学习至今，已有6个年头了，这期间他涉猎了作诗对句、儒家经典，连钱老师都感慨地对王华说："吾无以教尔矣。"

天顺六年王华参加县试，由于文章写得好，一时在余姚一带小有名气。数日之后，余姚县令特意复试王华，当场出题，不想王华一挥而就，三两下就把题目答好。县令觉得有可能是王华碰巧猜中题目，于是连续再出三题，王华一题比一题答得好，县令叹服，预言："吾子异日必大魁天下。"

王华从小到大获得的赞美预言可不少，上自浙江提学、余姚县令，下至寺僧、江湖术士都有过"状元预言"。如当时负责主持院试的浙江提学张时敏阅完余姚士子试卷后就发出感慨："余姚谢迁、王华都有状元及第的才华，前途不可限量。"

谢迁（1449—1531），字于乔，浙江余姚泗门人。谢迁与王华的缘分源远流长，其远祖为“乌衣王谢”中的谢家名人谢安。谢迁是明代成化十年（1474）浙江乡试第一名（解元），并于第二年中殿试一甲第一名（状元）。有明一代，连中三元的仅黄观、商辂二人，谢迁能“三元中二”也是非常不易。谢迁不仅在科场上意气风发，仕途上也颇为得意，从翰林编修起步，一路官至少傅兼太子太保，逝世后赠太傅官衔，谥号文正。谢迁、王华相识于微时，成化十七年（1481）王华得中状元，与谢迁同朝为官，应验了浙江提学张时敏所言非虚。由于谢迁、王华当年在官场上都是正直、忠义之士，遭到权宦刘瑾的暗算，致仕回乡。谢、王二人的友谊在回乡后一直延续，时谢迁居住在余姚泗门银杏山庄，而王华搬去了山阴，每逢王华回乡祭祖时，二人都会聚上一聚，并且王阳明与谢迁仲子谢丕还是连襟，二人都娶了诸家女儿。东晋谢、王二氏的友谊在几百年后以另一种方式得以延续。

且说王华的文采令县令、提学赞不绝口，在余姚文坛小有名气。浙江左布政使宁良就登门为子求师了。宁良，字元善，祁阳县金兰桥（今衡阳祁东金桥镇）人，明正统十年（1445）进士及第，历任广东按察使，浙江右、左布政使。宁良想浙江一地文风鼎盛，才子辈出，必有出类拔萃的老师教育其子宁竑，于是宁良问计于提学张时敏，张大笑道：“宁大人问我算是问对了，如果您只是想找个辅导公子登第的老师，这样的人物我浙江遍地都是，但是如果想公子学问、德行都出类拔萃，那么非得余姚王华不可。”

听了张时敏之言，宁良带着礼物，亲自到余姚王华家中，将这位年仅

20岁出头的少年奉于坐首，非常谦恭地请王华去他的湖南老家当家庭教师。一般人见本省封疆大吏如此礼贤下士，又是送礼又是尊崇的，恐怕早就忙不迭地跟着去了。可王华自小就不随波逐流，加上王家世代隐逸的家风，当下就拒绝了。宁良爱才惜才，见王华不为厚礼荣宠所动，更加坚定地认为王华是位品德高尚的君子，宁良大人摆出一副不答应就不走的姿态，再三恳请，终于请王华来到了湖南祁阳。

王华来到祁阳后，住进了宁家在祁阳的府邸——梅庄别墅。这梅庄别墅是宁良出仕前居住的地方，内有藏书数千卷，王华见此情景喜不自胜。从此白天他认真给宁竑授课，抗颜为师，循循善诱，晚上则饱览宁家藏书。一段时间后，宁竑不仅文章大有长进，而且改掉了富家子弟的不好习气，后来以明经得廷试第一。王华任教祁阳，不仅宁竑学业长进，祁阳士子也跟着受惠。这是因为王华在浙江一带声誉日隆，祁阳士子听说王华来了，“翕然来从者以数十”，其中有个姓陈的士子素日就知道王华学问做得好，特地到梅庄别墅拜见王华，并把多年来做学问的困惑一股脑地倒出向王华请教，王华知无不言，应对如流。陈士子感叹道：“我以前常听说‘五经笥’的典故，今天才在王先生处亲眼得见。”

“五经笥”的典故出自《后汉书·文苑列传》，说的是东汉末年文学家边韶“睡任门生嘲”的故事。边韶，字孝先，陈留浚仪（今河南开封西北）人，在汉桓帝时期担任临颍侯相，拜太中大夫。边韶在未出仕前，曾教授弟子数百人。有一日，他大白天躺在床上闭目养神，他的学生以为他睡着了，编了一段顺口溜嘲笑他：“边孝先，腹便便。懒读书，但欲眠。”边韶在半眠半醒中听见学生如此嘲笑他，也编了一段顺口溜回应学生："边为姓，孝为字。腹便便，五经笥，但欲眠，思经事。寐与周公通梦，静与孔子同意。师而可嘲，出何典记？"边韶的辩解，让嘲笑他的学生非常惭愧。后世遂用"五经笥"以形容文人读书多，学识丰富，如《全唐诗·卷二百三十八》载有中唐诗人钱起《送集贤崔八叔承恩括图书》五排诗曰："雨露满儒服，天心知子虚。还劳五经笥，更访百家书。赠别倾文苑，光华比使车。晚云随客散，寒树出关疏。相见应朝夕，归期在玉除。"诗人在诗的前四句即引用了"五经笥"这个典故。

转眼间，王华已经在祁阳待了三年，这三年间，他除了授课便是读书，足迹不入城市，学问也大有精进，可是远离故土三载，思乡之情与日俱增，加上乡试考期日近，所以王华决定辞别宁家，返回余姚备考。

祁阳士子都有携妓饮酒的习惯，但王华三年如一日从不沾染。祁阳的学子们见王华教书期满，准备回乡，想来下次再见又不知何时，故设宴为他饯行，他们想试一下王华的节操，特意将宴席安排在水中央的一座亭子里，并事先藏了两个妓女在里面。席散之后，众人都告辞乘船上岸而去，将王华安置在亭里歇息。两个妓女从内里出来，王华吃惊不小，急忙呼船，可是船已走远，无奈王华只得拆了扇门板渡水而归，这事让祁阳人更加佩服他的人品。

王华任教祁阳三年，不仅尽心化导了宁家子弟，而且带动了祁阳一地的士习文风，世人有云"祁士习礼经自竑（宁竑）始"，后来王华的女婿徐爱来祁阳做官，特意寻访了王华昔年在祁阳的遗迹，看到祁阳人士"亡少长咸能身佩遗化不忘"，方知当日岳父王华以儒家学说教化祁阳，使祁阳"文化之日新"。

第三节 忠诚耿直仕宦路

一、学品俱佳的经筵讲官

成化十七年，连举不利的王华终于以一介布衣魁天下，秘图山王氏家族也由王华起华丽转身，由一般的书礼之家转型为士人家族。王华登第的捷报一路由京师传至余姚，王伦老爷子面对贺喜的众亲友表面上波澜不惊，心里却是喜滋滋的，接下来的消息更让他振奋不已，儿子要留京城做官了。

古代士子削尖脑袋想考上个进士，最大的目的就是做官，所谓“朝为田舍郎，暮登天子堂”就是这个道理。那么考上进士是不是就意味着一劳永逸，从此官运亨通呢？

其实不然，明代进士入仕后，其官职高低悬殊很大。上可为一品大官，位及“宰相”（明无宰相，而称内阁大臣，其权力与历代宰相大抵相同），下可为不入流的驿站驿臣，甚至无官为民，一职不任。当然，一职不任属小概率，明代士子共同的人生理想就是由科举至翰林，由翰林而朝臣。是以考中进士后最常见的出路就是“点翰林”。根据《明史》记载，自天顺二年（1458）以来，逐渐形成了“非进士不入翰林，非翰林不入内阁”的风气，“通计明一代宰辅一百七十余人，由翰林者十（之）九。盖科举视前代为盛，翰林之盛则前代所绝无也”。可以说明、清两代，科举与翰林院紧密相连，科举尤重翰林。

那么翰林院究竟是一个什么部门，使得明、清两代皇帝如此热衷于将天下最有才学的人源源不断地向此输送呢？翰林院，简单地说，就是一个官僚机构，只不过这个机构比一般机构，如兵部、户部，文化色彩要浓厚许多，是一个名士、才子的扎堆聚集地。在翰林院内任职的文人称“词臣”，顾名思义，就是皇帝的文学侍从，间或给皇帝讲课。根据品级官阶不同，具体分工也存在差异。比如明代翰林院的首长称学士，正五品，主要负责起草皇帝诏书，管理史册、文翰、考议制度、详正文书等。侍读、侍讲学士各二人，从五品，主要负责讲读经史。还有从六品修撰、正七品编修、从七品检讨等职。一般来说，明代状元一般以从六品翰林院修撰开始其仕途。表面上翰林词臣品阶不高，做事辛苦，但是胜在与皇帝近距离接触，如果合皇帝口味，还能被选为经筵讲官或日讲官，成为“帝师”，那可是连内阁大臣都要礼让三分的。

王华登第后，初授翰林修撰。成化十九年（1483）担任甲辰科殿试考试的弥封官，成化二十二年（1486）担任会试同考官。到了明孝宗年间，王华参与修撰《宪庙实录》，担任明孝宗的经筵官，开始随经筵讲官在孝宗皇帝跟前露脸，未来仕途一片光明。

为什么说王华仕途一片光明呢？那得从这个经筵制度说起。经筵制度，是古代皇帝受教育的重要制度，就是选良师给皇帝上课。明代的经筵制度更加规范，对讲官的选择也益发严苛。明代经筵制度包括每月三次的“筵讲”和日常化的“日讲”，除了直接在御前给皇帝讲经史的经筵讲官和日讲官，还有一系列类似今天助教角色的辅助官员，如知经筵、同知经筵、侍经筵、展书官等，他们和讲官一起，统称为经筵官，早期王华担任的就是这类随讲官员。如果不出意外，按惯例，王华将会在翰林院秩满之后进入升转机构春坊，然后充任皇帝的经筵讲官。

弘治二年（1489），王华翰林院秩满之时，老父亲王伦病倒了。王伦虽布衣一生，身无尺寸之功，亦无名著传世，然而王氏家族传承的知孝悌的家风影响着儿子。王华为老父的病吃不好睡不好，由于官职在身，不能即刻回乡省亲，又怕父亲有个好歹，自己来不及赶回家，于是称病不出。友人们劝王华，升迁要紧，等老爷子的坏消息传到京城再筹划归乡也来得

徐显卿宦迹图册之“经筵进讲”

及。岂知王华正色道：“父亲有病，我不能在床前侍奉汤药已属不孝，怎能为迁官这等俗事终日奔走？父亲没事便罢，若有个万一，岂不是要耽误回家？”在王华心中，孝道重于官道。

弘治三年（1490）正月下旬，王伦的讣告送至京城，王华哀恸不已，想到这些年来老父对自己的养育栽培，那些点点滴滴的言传身教，这位已过不惑之年的须眉男子不禁潸然泪下。王华即刻回老家奔丧，将父亲葬于穴湖山附近，自己则在墓旁结庐守孝。据传穴湖山一带常有老虎出没伤人性命，可自从王华在墓旁守孝后，老虎虽常常结队而至，却不触犯王华，甚至还卧睡于王华的小屋旁。大家都说是王华白天黑夜地哭悼亡父，感动了猛兽。

三年后，王华丁忧期满，回京赴任了。回到京城，孝宗皇帝就给他加升官位，担任右春坊右谕德，兼任经筵讲官。王华开始在御前展现他卓尔超群的气质风采。

在明代，想要成为经筵讲官或日讲官，光有学识是不够的，据史料记载，讲官们不仅学识上要高人一等，品行上要德孝恭谦，就连外貌、口音都要符合一定要求。比如正统十二年，陈文被选为经筵展书官商辂的助手，由于丰姿秀伟而被英宗所瞩目。再如嘉靖年间讲官魏校，虽然长得“英颖绝伦”，且才学卓著，但是由于其“时操吴音”难以听懂而被嘉靖帝赶下讲台。明朝历代皇帝的讲官都是相貌、口才俱佳的雅士，我们从现存王阳明画像中也可以推断，王华必是一位眉目舒朗、长须美髯的佳公子。

王华是弘治年间担任经筵讲官最久、深受孝宗器重的讲官之一。在担任经筵讲官期间曾向孝宗进献《劝学疏》，他在疏中写道：“皇上，您现在每年经筵开讲不过三四次，而日讲也才一个月一两次。虽然皇上圣德天赋，可是正如宋儒所讲，学习应循序渐进，最忌讳一曝十寒。……”原来自英宗正统年间起，经筵和日讲就成为制度，每月初二、十二、二十二这三天是经筵日，每逢单日则是日讲，显然孝宗开经筵和日讲的次数都太少了，所以王华谨守帝师之责，当面指出。孝宗皇帝听王华这么说，居然没有生气，反而欣然接受。弘治九年（1496），王华被任命为日讲官，由于日讲频次高于经筵讲，日讲官有机会经常见到皇帝，如果表现得好，日后升迁自然不在话下。孝宗的任命，显然是对王华之前的授课十分满意，而王华也更加勤勉，讲课时声音洪亮，时时以启沃圣心为念，规劝孝宗戒逸豫、勤圣学，亲贤远佞。

当时有个宦官叫李广，颇受孝宗皇帝宠幸，仗着皇帝撑腰干过些不义之事。这日是李广伺候孝宗在文华殿听王华日讲，正好讲到《大学衍义》中“唐李辅国与张后表里用事”这段历史，其他日讲官都惧怕李广之势而不敢直言，唯有王华全然不顾，字正腔圆地大声朗诵这段，直把这些日讲官吓得目瞪口呆，没想到孝宗皇帝却听得津津有味，课后还赐美食于王华。

这明代太监李广和唐代李辅国有什么关系呢？为什么其他讲官如此讳莫如深？原来李辅国也是个太监，而且还是唐朝第一个当上宰相的宦官。他仗着有拥立唐肃宗之功，权倾朝野，随意打击异己，更有甚者，与肃宗张皇后里外勾结，企图左右立储。而李广与李辅国同姓且行事作风类似，加之孝宗皇后也恰巧姓张，难免让人浮想联翩。王华显然也和其他日讲官们一样意识到了个中情势的微妙，但是仍然不顾会触犯孝宗，被李广打压的危险，以忠臣之姿行忠臣之事，果有王门忠臣遗风。

明孝宗性格宽厚仁和，当政时励精图治，成为明代“中兴之令主”。明孝宗一生笃爱张皇后，故而子嗣稀薄，本有两子一女，无奈其中一子一女皆早夭，只剩下东宫太子朱厚照（正德皇帝）。朱厚照深受孝宗和张皇后的溺爱，但是这位东宫太子做储君时就“聪明好逸乐”，让孝宗大为不放心，所以就派出他比较信任的王华担任东宫辅导兼东宫讲读，希望王华用自身的学识和品行化导太子，使其成为合格的国君。

王华在孝宗一朝官运亨通，累官翰林院学士（翰林院第一负责人）、礼部左侍郎、顺天府（京城）乡试主考官、应天府（南京）乡试主考官，参编《大明会典》，参修《历代通鉴纂要》，赐金带、四品官服，担任经筵讲官、日讲官凡十二年，可谓圣眷日隆、深受器重。这一方面是因为明孝宗是一位比较开明的君主，重视人才、善听谏言，另一方面则是因为王华深受王氏家风习染和祖父辈悉心教导，才华、品德俱佳。

王华这样中介耿直的性格，遇到孝宗这样的明君还好，但遇到武宗这样比较荒唐昏庸的帝王，遭遇官场之坎坷则不可避免。

二、刘瑾和王家父子结怨

弘治十八年（1505）五月初七，“中兴英主”明孝宗朱祐樘驾崩，明朝进入正德时代。

说起正德皇帝朱厚照，他做的出格事可是不少，众所周知，一是长年住在“豹房”，二是曾以边防重镇宣府为“家”长住，三是曾违背祖制数度找理由出京巡游。这里且说他纵惯的宦官刘瑾和王华、王阳明父子的恩怨情仇。

刘瑾，本姓谈，因为依附一个刘姓宦官入宫当太监，改姓刘。后来机缘巧合，来到东宫侍奉时为储君的武宗，因武宗喜游艺而厌读书，刘瑾投其所好，颇得武宗信任。武宗即位后，刘瑾执掌钟鼓司，与马永成、高凤、罗祥、魏彬、丘聚、谷大用、张永七名昔年东宫太监一起获武宗宠幸，人称“八虎”。这八人沆瀣一气，天天诱引武宗干些不正经的勾当，乘机摆布朝政，弄得乌烟瘴气。时任内阁大臣刘健、谢迁、李东阳集体辞职抗议。京城朝堂一片乌云惨淡，可谓“贼瑾用事，呼吸成祸福”。时朝中大臣纷纷奔走其门，王华心性向来清高，祖上又常出忠义之士，刘瑾这样的宦官自然是不放在眼里，不屑于与刘瑾结交。

然而，事情就是这么机缘凑巧，王华还是被刘瑾拿住了一件事。

事情起因于王华的长子，时年35岁的兵部主事王阳明。某日王阳明上疏了一份《乞宥言官去权奸以彰圣德疏》，奏疏中的权奸自然就是以刘瑾为首的“八虎”太监，言官是指前段时间上疏给武宗维护刘健、谢迁，贬斥刘瑾等宦官的十三道御史等人。这些言官受到刘瑾的非人虐待，有两位甚至被虐打致死。王阳明看不过，才递上了这份奏疏。

此疏一上，结果可想而知，还没被武宗圣览，就被刘瑾拦下。刘瑾见奏疏对他极尽辱骂，关键还写得有理有据，万一武宗看到这份奏疏，还真有可能信了王阳明的话。于是刘瑾二话不说，将王阳明廷杖四十，投入了诏狱。诏狱是明代关押政治犯的场所，能活着出诏狱都是老天给运气。正在王家急乱如麻之时，刘瑾的使者拜上门来，使者是刘瑾派来示好王华的。

刘瑾微时曾在内书堂[1]跟随王华的同乡兼同事方正学习过一段时间，与方正有师徒之谊。方正时常在刘瑾面前称赞王华家风深厚，孝友忠信，刘瑾那时就对王华心生敬仰。王阳明下狱后，刘瑾翻查其祖宗三代，发现是微时神交故人王华之子，这才派了使者登门向王华示好。来使称刘公公早就孺慕王华，只要王华肯来与刘瑾见上一面，不仅令郎的事情好说，即使他日跻身内阁，比肩昔年谢迁也不是没有可能的。可是王华一生忠诚耿直，哪能忍受与太监为伍？于是当下就拒绝了刘瑾的“美意”。最终，儿子王阳明被贬贵州龙场，自己也被刘瑾明升暗降，发落到南京担任吏部尚书。虽然从此父子分隔千万里，但父子俩之所为都没玷污祖宗名声和世代流传的家风。

正德初年，屡遭刘瑾迫害而心灰意冷的王华致仕回到山阴宅子享受退休生活。[2]

其实，对于王华这样饱读诗书的老夫子而言，位极人臣甚至跻身内阁都不是人生的最高追求，王氏家族素重孝慈之风，当年王华在京为官时就时时思念家中老父老母。弘治十八年，王华奉命祭祀江淮诸神，途中顺便回家省亲，还朝后，以母亲岑氏年老需要奉养为由，提出致仕归乡，

---

① 自宣宗宣德年间起，宫内廷开始设置宦官培训学校——内书堂，旨在对宦官进行文化教育，培养他们的参政能力。而内书堂的教官多选拔翰林官充任，这些翰林在日后的仕途上也常常得到昔日的学生——宦官们的关照。

② 早年王华全家居住的余姚城区龙泉山北麓瑞云楼是向莫氏租借的，后王华高中状元，想到先祖是由山阴迁至余姚，又爱慕山阴的秀丽山水，于是举家迁回山阴，购置宅邸，此后山阴新建伯府就是在王华老宅基础上扩建的。

只是没有被朝廷允准。王华的孝行深深影响了儿子王阳明，根据《王阳明年谱》记载，王阳明“两年（正德十四年至十五年间）以来，四上归省奏折”，屡屡提到幼年失母，由祖母抚养长大，如今祖母96岁高龄，希望允许回乡见祖母最后一面。言辞恳切，令人动容，但朝廷战事吃紧，未能允准，以至于王阳明在六年之后才得回祖茔祭拜祖母，感慨祖母“死不及殓”。

王华比王阳明幸运，年逾七旬的他因卷入与宦官刘瑾的争斗而因祸得福，得以回乡侍奉母亲岑氏天年。

第四节 忠孝两全代代传

一、孝友出于天性

王华品德高尚，极重孝道，他曾为上虞孝女曹娥墓撰写过碑文，其中有句："咸极阐扬孝道，推引劝励，沨沨可读。"可见他本人对孝道的推崇。王华的母亲岑太夫人，余姚梅川（今浙江慈溪匡堰镇樟树村）人。岑氏是余姚大族，岑太夫人娴静有德，鞠育王华成人，又尽心抚养王阳明，王华、王阳明都非常敬重岑太夫人。岑太夫人福厚高寿，时年已近100岁高龄，王华虽然也已70多岁，但仍事母至孝，经常为母亲按摩捏背，吃喝住行凡事尽心，留下了很多孝母逸事。

有一次，王华为给老母岑太夫人增添生活中的乐趣，想到效仿"二十四孝"故事中的"彩衣娱亲"，逗母亲一乐。

"彩衣娱亲"讲的是春秋时期楚国隐士老莱子非常孝顺父母，想尽一切办法讨父母的欢心，使他们健康长寿。他70岁时父母还健在，为了不让父母见他有白发而伤感，他做了一套五彩斑斓的衣服穿在身上，走路时装成小儿跳舞的样子使父母高兴。王华如法炮制，亲自跳舞唱歌让老母开心。还有一次，王华本与几个亲友相约乘舟出游，可是船刚离岸，王华就想起老母在家无人陪伴一定甚为寂寞，于是马上反棹驶回陪伴老母。岑太夫人能得高寿百岁而终，与王华的孝顺不无关系。岑太夫人去世之后，王华悲伤过度病倒了，到了出殡那日，王华又拖着病体，穿着草毡，光着脚走了数里山路，以致病势益发严重，卧床数年才慢慢康复。

或许是受父亲王伦的影响，王华平日里也时常教导、帮扶族中子弟。当年王华祖父王杰英年早逝在南京国子监，王家孤儿寡母贫寒无依，但是王华的祖母每遇亲戚中丧父小儿，都会动恻隐之心，怜爱有加，王华的父亲王伦受母亲德行感召，也会积极拿出自己的衣食与族中子弟分享。后来儿子王华在京城做官，向朝廷请求把自己的俸禄分给父亲王伦，王伦却从中拿出一半来照顾王姓子弟。王伦时时不忘长兄之责，扶持幼弟王粲，带在身边亲自教导。王华小时候就受祖辈、父辈的嘉义德行熏陶，在他考中状元后，依然继承其父遗风，对王氏子弟的教育亲力亲为，在朝为官时只要回乡省亲就会召集从弟王冕、王阶、王宫以及妹婿等人，与他们讨论经义。不仅如此，王华还尽可能地帮助族中子弟的生活，只要自己的俸禄有盈余，就分给族中贫困子弟共享，而其他兄弟的小孩也视如己出。王华这种品格深深地感染了王阳明，王阳明在日后即使军务繁忙，政事缠身，也对族中子弟恪尽教导督促之责，在他的书信中，经常可见其对儿子正宪，弟弟守文、守章、守礼，妹婿徐爱甚至妻舅诸经（诸用明）、妻侄诸阳的谆谆教导。

二、儿行千里父担忧

王阳明13岁丧母，一直受祖父母鞠养和父亲教导。王阳明35岁以后越来越忙，靖边平叛，周游讲学，虽然鲜少有与父亲见面的机会，但是父子俩的心一直连在一起，王阳明视王华为良师益友，王华视王阳明为一生骄傲。

儿子和刘瑾之间的纠葛不仅使王阳明备尝远谪贵州的辛苦，也使王华被排挤出京城赴南京为官直至致仕，但王华并没有责怪儿子，反而为儿子不趋附权贵而骄傲。

正德十四年（1519），宁王朱宸濠在江西南昌谋反。

宁王朱宸濠造反，最担心的是王华。因为自己有多年剿寇平叛经验的儿子王阳明正在巡抚江西南赣（南安、赣州）和福建汀、漳等地，江西地界出了这等叛臣贼子，儿子自然是责无旁贷。

根据《王阳明全集》中钱德洪的回忆，由于山阴离宁王叛乱中心南昌很近，加上当时情势王阳明势必将代表朝廷与宁王叛军有一场恶战，担心老父安危的王阳明，就派家人从丰城县出发，抄小路给山阴王宅的王华送信，让老父有个心理准备。正德十四年七月二日，情势更加严峻，阳明与宁王之战一触即发，放心不下山阴老父的王阳明又忙修书于家，在这封信中，王阳明写道："男（王阳明）之欲归已非一日，急急图此已两年……俟事势稍定，然后敢决意驰归尔……天苟悯男一念血诚，得全首领，归拜膝下，当必有日矣。"这些年来，王阳明虽然一直在外为朝廷平乱，但心中始终记挂着故乡，记挂着老父和祖母。宁王密谋造反久矣，所有精锐部队早在南昌集结，而朝廷此前并没有多少准备，虽然王阳明在这封信中安慰老父“观天道人事，此贼（宁王）不久断成擒”，但王阳明心里明白，要平定宁王叛乱也非容易之事，不过忠君与孝父之间，王阳明还是选择“人臣之义”，只是期待能有幸保全性命，回家好好孝顺老父。寥寥数语之间，一代圣人的忠义与孝道令人感动。同时，王阳明又写信给族中亲戚克彰太叔，拜托克彰太叔能时常宽解王华郁结之心，注意王华的饮食起居、养生保健等生活细节。指挥千军万马的南赣巡抚王大人，尽管自己也年逾半百，却始终对父母至亲保有一颗赤子之心。

王华接到儿子的信，感慨万千。正所谓：“养儿一百岁，长忧九十九。”年少时的王阳明心无定性，做事总不按自己的想法走，没少让王华忧心。儿子或许就不是一个走寻常路的人，尤其是儿子和刘瑾的纠葛，更让王华看明白了儿子与他一样，血脉里流着忠臣的血，有子如此，夫复何求！

这边正想着在南昌与叛贼鏖战的儿子，那边山阴王宅内传言王阳明已经被宁王杀害。山阴王家亲朋惊慌失措，因为王华是王阳明之父，又是之前朝廷比较倚重的高官，肯定是宁王重点打击的对象，所以大家都劝王华赶紧避逃。孰料王华异常冷静，向众亲友说道：“如今我的老母已经去世，我已无牵无挂，如果我儿真的不幸遇难，我逃到别的地方又有什么用呢？”在他看来，自己的儿子舍小家保大家，在前线为国杀敌，自己这样逃跑，会动摇军心民望，更何况自己曾为国家的栋梁之臣，虽然老了不能亲自杀敌，但是如果真的如家人所言，宁王侥幸得势，也希望能和乡里百姓共生死，才能全忠义之名，无愧祖上的忠臣血脉。

于是，即使战事再胶着，前方传来的消息再悲观，王华始终没有离开山阴，除了稳定王氏族中子弟，他还以老病之躯为郡县官员出谋划策，教他们调集兵粮，禁止谣言。

王阳明以其非凡的军事才干，不到两个月就平定了宁王的叛乱，消息传回山阴，亲戚朋友们都来王宅道贺，纷纷夸王华生了一个好儿子，为大明江山立下了不世之功。王华还是一如既往地谦慎，向众亲友们说道："宁王叛乱能平定，完全是祖宗仁泽庇佑，朝廷威灵震慑四海，罪人伏法是天意，岂是我家儿子一介书生所能办到的，我能在垂暮之年免被战乱所害，我儿子能保全性命来与我父子相见，我已经很满足了。"其实王华是谦虚了，宁王之乱之所以能迅速平定，以最少的消耗获取最大的胜利，其子王阳明居功至伟。余姚王氏一直秉承谦虚有礼的家风，不以物喜，不以己悲，才使王华说出这番话，也正是由于王家世代谦和，以至于王阳明毫不介怀朝廷对他大功的薄赏苛待，而父子俩在战争艰难时刻互相扶持、互相牵挂的父慈子孝之情，也为这场残酷的战争增添了些许脉脉温情。

正德十六年（1521）九月，这天是王华的生日，山阴和余姚老家的亲朋戚友会聚一堂，为老先生贺寿。已走过75个春夏秋冬的王华早已看穿世事，洞悉人情。不过这个生日王华过得着实高兴，因为他最引以为傲的儿子王阳明终于回到了他的身边。晚年的王华时常忆起早些年他刚高中状元，在京城奉养老父、教导阳明的情景，那是与儿子相处最快乐的时光。年轮有增岁无减，这些年来自己与儿子聚少离多，每时每刻都挂心着远方的爱子：起初王阳明远谪贵州龙场，王华担心儿子熬不过西南烟瘴，后来是南赣平寇，担心儿子日夜劳瘁，旧疾发作，接着宁濠之乱，又收到儿子已“死”的消息，后来儿子历经艰险荡平宁王叛乱并没有获得武宗相应的奖赏，反而受朝廷奸党构陷而处境颇为艰难，甚至有朝廷的人来山阴王家调查记录资产、房屋等情况，看似山雨欲来风满楼之势，又为儿子好一阵担心。直到是年四月，武宗驾崩，世宗即位，王华寿诞前夕，嘉靖帝派使者来山阴，宣布将授王阳明为南京兵部尚书、新建伯，荫及三代并世袭的旨意不日会传达至山阴，并对王华着意安抚，赐下御品。

数历人生之磨难，此时王华安然自若，非常严肃地对举着酒杯向他贺寿的儿子王阳明说：“今天我们父子难得相见，我有一句话要嘱咐你，大家都说我们王家大喜了，不过我却觉得自古盛极而衰、福祸相依是天理，今天的王家荣耀满堂，难保他日没有大祸，为父老了，你要谨记知足、知止，切记月满而亏、水满则溢的道理。”王华不愧为一位智者，参透世事，他说的这段话，就连他的圣贤儿子也由衷拜服。实际上，王阳明一直谨记父亲的教诲，继承了王家不贪功、不忘德的传统，正如他们的祖先王彦达一样，面对朝廷苛待忠臣的行为，能做到不以为意。

嘉靖元年（1522）二月十二日，这位慈严并济的父亲、忠诚耿直的大臣、洞察世事的智者在弥留之际，恰逢朝廷宣旨使者来到王家，王华听说后，即催促王阳明和诸子弟按礼迎接来使，按照王华的理解，“虽仓遽，乌可以废礼？”这是王华的临终遗言，也是留给王阳明等子弟的最后教导。

第三章

余姚出了个王阳明

明成化八年（1472）九月三十日亥时，绍兴府余姚县县城龙泉山北麓王家，“创震今铄古之学问，立名扬殊域之事业”的一代圣人王阳明带着一声响亮的啼哭降生于世。王阳明，这个承载着全家期盼的小生命此时并不知道，自己不仅给这个中微百年的诗礼世家带来了无上的荣耀，而且成为明中晚期一道艳丽的明霞，至今余韵流芳。

第一节 忠孝之性情

一、子从云中来

王家成功男丁的出生似乎均伴随着祖辈的祥梦。王华的妻子郑氏已孕14个月，却仍然未见分娩之迹象，不光婆婆岑氏着急上火，就连家翁王伦也坐立不安。这日晚上，婆婆岑氏做了一梦，梦里漫天祥光，彩云缠绕，仙乐飘飘中一群玄女自天而降，为首的是一位穿红衣的仙女，她将手中一个白胖的婴儿送到岑氏手中，正当岑氏张口要问清缘由之时，家人的报喜声把她从梦中惊醒，原来儿媳郑氏产下一个男孩。一切安稳后，岑氏便把梦境告诉老伴，王伦听后笑得合不拢嘴，原来我孙儿是乘云而生，那么就叫他王云吧。也因这个美丽而吉祥的梦，王云出生的那座楼被乡亲街坊唤作“瑞云楼”。

然而这位乘云而生的王云，到了5岁竟然还不会说话！让家人心里甚为担忧。

虽说圣贤有云："贵人语迟，敏于行却不讷于言。……"可是5岁还不会说话却也有点异常。王家原想王云出生这么祥瑞，即使他日不建功立业、光耀门楣，也至少是平安顺遂地过完一世，没想到竟然会有这么一个隐疾。

一日5岁的小王云如常和一群孩童在路边玩耍，不远处走来一个仙风道骨的高僧，身穿米黄袈裟虽半旧不新却也干净整洁。他来到孩童们旁边，见其他小孩有说有笑，只有王云但笑不语，于是俯下身细细端详王云。半晌，高僧伸出手来拍拍小王云的额头，口中念念有词道："好个孩儿，可惜道破。"王云和小伙伴们很不理解，一齐来到爷爷王伦面前，将此奇遇诉于王伦。

王伦反复念叨着"道破，道破"，忽然灵光一闪，孙儿名唤王云，乃是取自岑氏"瑞云送子"之梦，却不知已将天机道破，"云"者，说者之意，道破了天机，孙儿如何能说话？王伦遂将孙儿之名改为"守仁"，取自《论语》"知及之，仁不能守之"。孙儿改名后不仅能开口说话，还能背诵文章，王家上下愁云尽散。[①]

正德十六年，50岁的王阳明在平定宁王叛乱后终于得准归省余姚，他信步来到瑞云楼，忆起儿时在此生活的点点滴滴，看到龙泉山上草木依旧，不禁在瑞云楼内潸然泪下，古人有云："子欲养而亲不待。"生母

① 对王守仁之名由来，又有王阳明的弟子黄绾在《阳明先生行状》中记载为王阳明之父王华为其改名为"守仁"。

郑氏在自己13岁时就离世，多年来唯有在梦中依稀见到母亲的身影；祖父王伦离世也30余年，启蒙教育之恩尚无以为报，便阴阳两隔；祖母岑氏过世时自己在为朝廷戡乱无法床前尽孝，是为终生遗憾。如今在这世上，唯剩下父亲这唯一一位至亲骨肉。正所谓“人生自古多憾事，余有赎意为时晚”。

二、叛逆少年的报国志

王阳明11岁时随祖父，由京杭大运河一路北上，来到了京师。

对于自小在江南烟雨中长大的王阳明，北京是一个遥远而神秘的地方。早在黄帝时期，这里就有华夏族的踪迹。西周初年，武王封弟弟召公于北京及附近地区，称燕。秦至唐的千年时间里，都有中央政府对其管辖治理的记载。10世纪，契丹政权占领了包括京师在内的燕云十六州，此后女真政权、蒙古政权均以京师为首都，直至明成祖将都城定于此地，称顺天府。从此以后，北京冠盖云集，成为国家的政治、文化中心。

王华以“一介布衣魁天下”，成为天下士子之楷模。但这些年他不是在外任教，就是忙于科考，儿子的教育一直由老父王伦管教，王伦对儿子虽然严厉，对孙子却是满满的溺爱，多多少少养成了王阳明豪迈不羁的性格，于是王华想乘这次把父亲接来京师奉养的机会，也把王阳明好好管教一下。

这天王阳明放学后与同学来到京师的长安大街，街上人来人往，僧道占卜，好不热闹。王阳明和同学这儿看看，那儿瞧瞧，觉得非常新鲜有趣，这时，一位相士把王阳明拦住了，要给他看相。

相士说："小公子，你相貌贵不可言，我有几句话要赠给你。"

"当你的胡子长到衣领时，你就入了圣境；胡子长到心口窝时，你就结圣胎了；胡子长到丹田（小腹处）时，你就圣果圆满了。"说罢，相士转身离去。

相士的这番话留给小王阳明无尽的思考，从此，王阳明收敛心性，不再肆意玩闹，一心琢磨着做圣人的功夫。不过王阳明这个"学为圣贤"的人生价值与父亲王华颇有出入，王华一心盼着王阳明像他一样，走科举之路，运气好则再中个状元，为王家八世清贫的门脸再添上一层殊荣，可王阳明却不像王华格局这么小，在余姚老家时，少年王阳明就对塾师说出"学为圣贤方是人生第一等事"的壮语，而今甫抵京师，心中"做圣贤"的小火苗就这么被那位长安街上的相士点燃了。王阳明也不管王华对"做圣贤"之事的无奈与苦笑，开始了圣贤之路的第一步：策马居庸关。

居庸关，和固关、紫荆关、倒马关一起，合称"京西四大关"，其中居庸关东连卢龙、碣石，西属太行山、常山，下有巨涧，悬崖峭壁，地形极为险要，素有"京畿藩屏"之称，是自古兵家必争之地。当年明太祖朱元璋甫定天下，为了防御远走大漠的蒙元势力的南下侵扰，就派大将军徐达、副将军常遇春在历代居庸关城基础上督建明居庸关城。

王阳明既然有高于常人的志向，自然是不拘泥于枯坐书斋做"纸上圣贤"，他之所以想到居庸关一带的古长城游览，是想到鞑靼连年抄掠延绥、平凉、灵州、固原以及大同宣府等地，河套地区百姓数十年来苦不堪言，加上石英、王勇乱贼又在京城周边肆意掠夺，朝廷局势内忧外患。15岁的王阳明身在京师，耳濡目染，忧国忧民之心也就升腾起来，于是向父亲提出想骑马去居庸关看看。

王华平日里看王阳明读些《孙子兵法》《尉缭子》这样的兵书，弄些骑马射箭的武艺功夫就有些生气，闻听儿子此言更是火冒三丈，倒是祖父王伦甚是赞同，王华以事亲至孝闻名，也不敢逆了老父，由王阳明策马北去。

王阳明登临昔年“土木国耻”之地居庸关，30年前的烽火似乎还有余温，马蹄金戈犹在耳边。于谦祠前，小小儿郎心中升腾起慷慨壮志，誓要效仿昔年霍去病、班超经略四方，捐躯于国。

王阳明凭栏怀古一番后，策马出了居庸关，一路向北，在蒙古人经常出没的地区转了近一个月，做了一番边情的实地考察。他纵览山川地貌，记录要处险关，并且详细询问异族种落，心中已经暗暗有了防御外虏的良策。这期间，还发生了一件趣事，一日王阳明正在草原上策马驱驰，远远见一个蒙古人骑着马在溜达，家童劝王阳明：“少爷，咱们快走吧，前面那个是蒙古人。”岂料阳明不仅不惧，反而拍马向蒙古人追去，蒙古人见王阳明气势如虹，反倒有些害怕骑着马跑了。那时蒙古鞑靼常常骚扰明朝边境，边境军民多是敢怒不敢言，而像王阳明这样15岁就有追逐蒙古人的胆识，实在令人佩服。谁承想到，短短一个月的居庸关之行，在王阳明心中种下的一颗报国的种子，若干年后在明朝的南疆，王阳明造就了有明一代独一无二的军事传奇。

从写给养子正宪、族中子弟、妻族子弟的信中，王阳明似乎向世人呈现的是一种严正端方、恪守礼制并且有一套自己教养方式的封建家庭大族长形象，但少年时期的王阳明也有出格的念头、叛逆的行为和不受约束的思想，抑或正是这些“多样性”，方才造就了文武双全的一代圣贤。

三、科举无妨圣学

弘治二年（1489）的一天，王阳明携新婚娇妻诸氏，来到娄谅家中（今上饶市城水南街劳动路娄家巷30号）。

娄谅（1422—1491），字克贞，别号一斋，江西广信府上饶县（今江西上饶）人，是明初理学大师吴与弼的学生，但娄谅的学术思想并没有十分严格地继承吴与弼的学术理路，颇有点陆九渊思想之脉。

王阳明登门拜访的第一个问题便是：“何为圣学之门？”

娄谅用过尽千帆的慧眼看了一眼王阳明，答道：“圣人必可学而至。”

弘治三年（1490），王伦去世，王华、王阳明从京师回到余姚老家守丧。王华在丁忧这段时间里，一面为父亲守丧，一面在老家办起了“王氏子弟科考补习班”，参加补习的人员有长子王阳明，从弟王冕、王阶、王宫以及王华的妹婿等人。王阳明心里一直想着之前娄谅老师“圣人必可学而至”之言，白天跟着“补习班”里的同学认真地学习朱熹的《四书章句集注》，晚上便搜罗经史子集之类的书籍细细品读，心性也越来越沉稳。

弘治五年（1492），21岁的王阳明收拾行装，赴杭州府参加乡试。秋天，浙江乡试放榜，王阳明中了举人，获得进京参加会试的资格。

王阳明一举拿下举人功名，王华一颗悬着的心总算放下，自己三年丁忧期满，已先一步回到北京，担任右春坊右谕德、经筵讲官。儿子要来参加春天在京师举行的会试，正好可以趁此机会耳提面命一番。然而，弘治六年（1493）癸丑科会试发榜，王阳明落第，京师文人圈一片哗然。

三年后的弘治九年（1496）丙辰科会试，王阳明依旧落榜。

王阳明却面无悲切之色，其言“世以不第为耻，吾以不得第动心为耻”，令同科的落第举子甚是折服。

弘治十二年（1499）春，28岁的王阳明第三次参加会试，顺利通过，并在殿试时获二甲第七名，赐同进士出身，观政工部（即“工部实习生”，无品无级，出力办事而已。王阳明工部实习的第一件差事，就是督造威宁伯王越坟墓），正式踏入仕途。

其实王阳明对科举这件事情的态度颇值得细细体会。在王阳明的观念里，圣学（心学）与科举并不矛盾，科举是为学者的正常追求，比如在他写给妻弟诸用明的信里说道，年轻人做学问应当晦养厚积，不被功名所束缚，对于科举登第没有必要煞费苦心地关注。“凡后生美质，须令晦养厚积。天道不翕聚，则不能发散，况人乎？花之千叶者无实，为其华美太发露耳。”但是科举功名是一个平台，能将圣学更大程度地发扬光大，就是所谓的“科举无妨圣学”。王阳明不仅这么教育妻弟，同样的意思也跟他的高足钱德洪表达过。嘉靖三年，王阳明在老家绍兴赋闲讲学，钱德洪带着他的两个弟弟德周、仲实跟随王阳明学习心学。某日，钱德洪的父亲过来探望儿子，钱德洪的同学魏良政、魏良器听说钱父到来，陪着他游玩了十多天，钱父觉得耽误了魏氏兄弟的“举子业”，连声跟他们道歉，岂料魏氏兄弟说：“钱老爹，没关系的，我们陪你游玩就是在学习举子业。”钱父觉得很困惑，跑来请教王阳明，王阳明说：“圣学是吾性自足，举业是事事外求，二者并不矛盾。”从王阳明一生的经历来看，正是为学、做官两不误，学术思想与政治功绩交相辉映，成就了其圣贤之品质。

四、至孝阳明

弘治十三年（1500），王阳明观政工部结束，差事办得好，升了刑部主事，趁着在安徽出公差的空当，游览了安徽九华山。

九华山不仅灵山秀水，此地还供奉着地藏王菩萨，是佛教徒心中的圣地，这里也聚集着一批道家高人，可谓释道齐聚之地。

王阳明在九华山待了几天，遇到了几位高僧和道仙，谈佛悟道，其作诗“仙骨自怜何日化，尘缘翻觉此生浮”，竟渐渐生出遁世的念头。

弘治十五年（1502）王阳明肺病咯血，向朝廷请假回浙江老家休养。

王阳明在绍兴会稽山龙瑞宫旁一向阳山坡上，发现了一个深邃幽静的石洞，决定在此筑室静坐修行，此洞即为“阳明洞”，王守仁之“阳明”称号亦源于此。王阳明在此潜心修行一年有余，渐渐地想明白了一些事情，过往不知是受了祖上遁世隐逸精神的影响还是出生以来屡屡和释道丝缕不断，自己从年少时就有的遁世入空门的念头，如今看来，确实太不孝了。祖母、父亲尚且在堂，未及妥善奉养，便要弃他们而去，实在有违人子之责。

然而在王阳明陷入人生低谷之时，心底遁世的念头又浮出。据《王阳明年谱》记载，弘治末年王阳明得罪刘瑾的时候，刘瑾曾派出大内高手一路追杀至钱塘江，王阳明为求保命，跳入钱塘江中，后被商船救起，一路飘摇至福建地界的一个山野寺庙，在那里遇到了当年在南昌铁柱宫的故人道士，王阳明前番遭到刘瑾打压，连受杖责、牢狱、追杀之灾，已经心灰意冷，有心随这位道士而去。道士正色道：“你有父亲在朝为官，如果刘瑾气不过，乘着你远去求道，诬陷你投敌叛国，你的老父就要被你牵连了！”

道士一席话，惊醒梦中人，向来纯孝的王阳明终于领悟到，孝顺是人生而有之的赤子之心，如事事不以孝亲为念，则好比断种灭性！他是这样劝自己，也是这样劝旁人的。

杭州，西湖边。

南屏寺早课的钟声已经敲过，众僧皆端坐如仪，认真诵读经文。虔诚的诵经声中，一个和尚无精打采、似念非念的样子引得到此养病的王阳明的注意。私下询问方知，此僧连年来皆是如此，王阳明走到他跟前，问道：

“你这样嘴里终日含含混混念的是什么经？眼睛空洞洞地看些什么？”

和尚闻听此言大惊，张开眼睛与王阳明对视。

“你是否有老母尚在家中？是不是想她了？”

和尚凄然答道：“如何不想，只是我在此出家，已断宿命六根，要安守本分啊。”

王阳明淡然一笑：“父母爱子，子思父母是人的本性，没什么好逃避的，快回去看老母吧。”

和尚被王阳明说得泪流满面，第二天就起身回家与老母团聚了。

第二节 立德 立言 立功

一、无品小官的贵州之行

正德三年（1508）春天，贵州龙场驿（今贵州修文），这片西南瘴疠地迎来了它们的精神火炬——王阳明。

明永乐十一年（1413），贵州始设布政司，即贵州脱离云南、四川布政司单独设省。可是由于贵州地区林幽路险，莽莽大山阻隔了交通，也阻隔了中原文化传入黔地，这里的人们还一直过着刀耕火种、茹毛饮血的原始生活。

王阳明所要赴任的职位是驿丞。明代驿丞职责是掌管驿站中仪仗、车马、迎送之事，各府、州、县据不同情况置驿丞，或有或无，或多或少，并无定制，驿丞相当于现代的地方邮政局局长、火车站站长兼招待所所长。

王阳明担任驿丞的地点是距贵阳府北38公里的龙场驿。

龙场驿是水西九驿的首驿。水西九驿是由彝族女首领奢香夫人在洪武十七年（1384）建设的。奢香夫人是四川永宁宣抚司、彝族恒部奢氏之女，嫁于贵州宣慰使陇赞·蔼翠为妻，陇赞·蔼翠去世后，由于子尚年幼，不能承袭父职，年轻的奢香夫人毅然克忍居孀抚孤之痛，代袭贵州宣慰使一职。奢香夫人以贤能闻名水西各部，执政期间积极改良本民族文化，引进学习汉文化，是一位颇有远见的民族首领。奢香夫人的历史功绩之一就是带领族人设置以偏桥（今贵州施秉境）为中心的两条驿道：一条向西，经贵阳，过乌撒，达乌蒙（今云南昭通）；一条向北，经草塘（今贵州瓮安境）到容山（今贵州湄潭境），并设置了龙场、陆广、谷里、水西、奢香、金鸡、阁鸦、归化、毕节等九个驿站于贵州境内，俗称水西九驿。驿道纵横贵州，贵州人民往来川、滇、湘更为方便，中原文化也有了进入贵州的通道。龙场驿坐落在西北要道，是出贵阳府北上川蜀的第一站，地理位置十分重要。

王阳明初到龙场驿，未曾料到生活环境比想象中的更为艰苦。

龙场驿地处西北万山荆棘之中，空气中弥漫着蛇虺魍魉、蛊毒瘴疠之气。一眼望去，只见青山不见人，偶尔出现几许人烟，还是语言不通的少数民族，即便有汉人，也是匆匆而过的商客或是从中原来的亡命之徒。驿所房屋早已破败不堪，无法入住。

王阳明自小所处家境虽不是大富大贵，也是被祖父母呵护着长大的，及至父亲高中状元，跻身朝廷三品大员，自己随父亲也算享尽了江南的旖旎和京城的繁华。但此时，王阳明坦然接受了眼前这种境遇。

在住了几天山洞后，王阳明主动结交周边的少数民族百姓，并与其熟识起来。当地百姓与王阳明及其仆从在山洞边盖了几间房舍，王阳明给这些房子分别取了有趣别致的名字：寅宾堂、何陋轩、君子亭、玩易窝，还有一间敞亮的留作讲学用的屋子，取名“龙冈书院”。

附近的少数民族百姓虽然不能完全听懂中原官话，却也喜欢在劳作之余待在龙场的龙冈书院听王阳明讲“致良知”的道理，渐渐地，远道慕名而来的阳明追随者也把龙冈书院挤得满满当当的，一时间，龙冈书院一位难求。王阳明还制定了学规——《教条示龙场诸生》，开篇即言：“诸生相从，于此甚盛。恐无能为助也，以四事相规，聊以答诸生之意：一曰立志；二曰勤学；三曰改过；四曰责善。”立志、勤学、改过和责善四原则，也是王阳明常常教导门下学生和家中子侄之原则，后成为王门一直传承的门规家训。

在那个通信不甚发达的时代，王阳明的声名以一种前所未有的速度迅速地扩散开来，一些贵州官员也慕名来到龙场，他们都想知道王阳明究竟有何魅力，能如此深入民心。这不，思州知州前脚刚走，贵州按察副使毛应奎就来了，就连奢香夫人的后裔、贵州宣慰使安贵荣也喜欢经常来这里向王阳明请教些政务，谈论人生、心学。

在这些慕名而来的官员中，王阳明遇到了将其心学在贵州发扬开来的贵人——席书。

席书（1461—1527），字文同，号元山，四川人。席书也是进士出身，仕途比较顺利，担任过山东郯县知县、户部员外郎、河南佥事等官职，正德年间，调任贵州做提学副使。

席书早年为官时就敢于上疏直言进谏，直指时弊。如今来到贵州担任教育官员后，深感贵州文化落后，民智未开，作为一个有担当、有思想的官员，席书来到龙冈书院，想听听王阳明的心学究竟妙在何处。

当时朝廷重视朱子学，将其制定为科举之学，但在民间文人圈中还是流行着“朱陆之辩”的风潮，很多学者都在苦苦思考朱学、陆学孰更强的问题。这位提学副使席大人带此疑问求解于王阳明。

王阳明墨黑的眸子深不见底，以波澜不惊的口吻答道：“圣人之道，吾性自足，不必外求。”

王阳明对这近百年来学界最难回答的题目似未回答却又给出答案，耐人寻味，席书甚是折服，成了龙冈书院的常客。久之，席书动了请王阳明去贵阳府讲学的念头，因为他觉得贵州学术空气稀薄，光自己一个人在龙场接受王阳明的教化可不够，贵州学子更需要王阳明的教化，于是他和贵州按察副使毛应奎在贵阳建起了贵阳书院，遴选了全贵州优秀生员，请王阳明开坛上课。

对于王阳明来说，官至一品、封妻荫子的荣耀怎么也比不上高坐讲坛，传播学术的乐趣，能以一己之力教化蒙昧学子，是对他学术思想最高的褒奖和肯定，他衷心感谢席书给了他这样一个机会，使他的心学之火在西南边陲熊熊燃烧起来。

二、南赣平乱：武文兼用乃上策

王阳明由贵州龙场驿卸任后，先是内调庐陵任知县，在任不久，就在朝中要臣力荐之下，由庐陵县上调到北京。从正德四年（1509）年底到正德九年（1514）这五年间，王阳明的官职从正七品升至从三品，由于担任的都是一些闲散清职，王阳明有更多的精力投身到讲学事业，从京师到南京，王阳明所到之处总是聚集着一大帮弟子，希望得到老师的点化，王阳明的精神世界无疑是愉快的。

正德十一年（1516），王阳明由原南京鸿胪寺卿升为都察院左佥都御史，“巡抚江西南安、赣州，福建汀州、漳州，广东南雄、韶州、惠州、潮州各府及湖广郴州地方。抚安军民，修理城池，禁革奸弊。一应地方贼情、军马、钱粮事宜，小则径自区画，大则奏请定夺”。

王阳明所要到任的南、赣、汀、漳等地区山林茂密，地势险要，多贼匪强盗，当地百姓早已苦不堪言。朝廷上下稍微懂点内情的官员都知道，这南、赣、汀、漳巡抚表面上看是封疆大吏，但是到任后势必要与在此地盘踞二三十年的土匪打几场恶战，大家都为王阳明捏把汗。

王阳明心里担心的却是祖母岑氏。近日连番家书，皆报祖母岑氏身体状况不好。王阳明写了封《辞新任乞以旧职致仕疏》上呈天子，疏中情真意切地表达了自己想回乡见祖母最后一面的请求，“以蝼蚁苦切之情控于陛下，冀得便道先归省视岑疾，少伸反哺之私，以俟矜允之命”。朝廷不仅没有感念王阳明孝心，批准他回乡，反而连番颁下谕令，催促王阳明尽快上任，去南赣剿匪。

南赣一代的匪患由来已久。起先是一群无业游民，他们为生计所迫，隐匿山林干起了占山为王、打家劫舍的勾当，这帮贼匪无是非观，穷人富人、好人坏人，只要有利可图，一律不放过，到后来甚至发展到奸淫掳掠、烧杀抢劫的程度，致使当地民怨沸腾，百姓苦不堪言。朝廷连年来在此区域用兵不断，可是贼匪熟悉地势，与官兵打游击战，官兵讨伐时，他们就藏匿在深山中，官兵刚走，贼匪重又出山作恶。几个回合下来，朝廷束手无策，贼匪势力渐渐坐大，渐成该区域内顽疾。

朝廷诏谕王阳明赴任剿匪时，正是南、赣、汀、漳等地贼匪最猖獗之时。其中江西的横水、桶冈地区盘踞了谢志珊、蓝天凤等部，广东浰头地区有池仲容部，福建汀漳地区是詹师富部的地盘，江西南安大庾岭的陈曰能部在此“经营”多年。王阳明赴南赣时可谓强敌环伺，艰险异常。

正德十二年（1517）正月初三，王阳明一行从南京出发，由长江溯流而上，经湖口入鄱阳湖，在吴城镇转入赣江，逆流而上，于正月十六日来到了南赣巡抚衙门驻地赣州。

明朝宣德年间始有中央向地方派遣巡视官员的成例。正统以后，地方流民问题逐渐严重，各地农民的反抗时有发生，政府的赋役来源也受到影响。中央向重点地区派出巡抚，节制三司（承宣布政使司、提刑按察使司、都指挥使司）渐成定制。王阳明所任南赣汀漳巡抚始设于孝宗年间，管辖范围是“南赣汀漳特别行政区”，包括江西南安、赣州，福建汀州、漳州，广东潮州、惠州、南雄，以及湖广的郴州七府一州。这些地方各自远离本省政治中心，经济文化落后。从孝宗朝开始，中央政府往南赣巡抚位上派遣过好几位官员，不是庸碌无能，就是贪生怕死。且说王阳明上任之前，原派文森任南赣巡抚，接到差事后文森畏难而退，借口自己年龄大，一再拖延上任之期，朝廷几次催促厉饬都没什么效果，这才派出了王阳明。

王阳明文官出身，又是一代学问大家，深知“破山中贼易，破心中贼难”的道理，发兵剿匪容易，可是不对民众教化，不改变基层社会风气，不进行法治管理，匪乱将平而复起，百姓将永无宁日。所以，王阳明到任后，为解决这个困扰中央政府、地方百姓多年的剿匪问题，费尽心血，在筹划南、赣、汀、漳地区剿匪军事战略的同时，还颁布了一整套民心工程。

正德十二年二月，王阳明率部仅用三个月时间，剿灭了盘踞漳南数十年的詹师富部贼匪力量。

正德十二年十一月，横水、桶冈谢志珊、蓝天凤部被歼。

正德十三年（1518）三月，荡平浰头池仲容部。

至此，南赣诸匪皆被荡平。

王阳明一生有多重身份，学者、军事家、教育家、书法家等，他自己最引以为傲的身份，即学者。王阳明虽功勋卓著，却很少与弟子讲如何打仗，在他看来，用兵哪有什么术，不过是学养纯厚而已。从学者的视野出发，王阳明觉得，南、赣、汀、漳一带之所以多年来贼匪盘踞，其根本原因还是“民风不善、教化未明”，现在贼匪之患稍稍平定，最要紧的就是防止民风再次走向颓靡，王阳明首先做的是重整社学。

社学是明廷从元代那里继承下来的地方教学组织，类似地方小学。明初统治者朱元璋十分重视社学的社会教化功用，下诏各地立社学，延请师儒以教民间子弟。到了明中期，社学有渐渐废弛的迹象，王阳明觉得太祖利用社学教化底层百姓是个好方法，于是告谕下去，辖下各州府重整社学，务求延请名师，教授诗歌、礼仪。王阳明发挥学者的长处，亲自作了《训蒙大意示教读刘伯颂等》和《教约》两篇社学规范。

王阳明在创作这两篇社学规范时，脑海中一直浮现昔年祖父王伦在余姚老家为他开蒙时的情景。王阳明依稀记得，当年自己未曾识字，祖父就一遍一遍教导他传承王家世代孝、悌、忠、信、礼、义、廉、耻的家风。这些年来，自己一直认真地践行着王氏家风，无论是对嗣子王正宪的教育，还是平时教导自己的门生，都时刻以“孝、礼、义、信”为念。所以这篇《训蒙大意示教读刘伯颂等》既是写给社学教师刘伯颂等人的教学宝典，更是王阳明将王氏家风融入儿童教育的一点心得体会，比如文章中提到“今教童子，惟当以孝、弟、忠、信、礼、义、廉、耻为专务”“其载培涵养之方，则宜诱之歌诗以发其志意，导之习礼以肃其威仪，讽之读书以开其知觉”，其中提到的“诱”“导”“讽”的方法，孝弟忠信的精神，正是王氏家风中的重要内容。

从正德十二年正月赴南赣剿匪至正德十三年三月贼匪基本平定，王阳明目睹了战斗的残酷，看到当地百姓因战争饱经沧桑的脸，王阳明感同身受，为了让战地百姓能重新过上平和安宁的日子，王阳明结合自己幼承廷训的经历和多年问学的心得，出台了《南赣乡约》，目的是为当地百姓建立一个和谐的乡村社会。

在这份乡约里，王阳明就像一个家族的大家长循循善诱地教导自己的子侄一样，反复念叨着要孝顺父母、恭敬兄长、教训子孙、睦邻友好、守望相助、互相劝勉、共同行善、摒弃恶念、息讼罢争、讲信修睦，做一个良善的人，一如当年祖父、父亲对他的教诲勉励。王门家风也以另一种形式在南赣大地上生根发芽，惠及百家百姓，这正是人间大爱的体现。

三、舆论攻心　宁王不宁

正德十三年六月，赣州的夏季，蒸湿难耐，树头的知了一刻不停地叫着，那声音听在病人的耳里，异常烦躁。

躺在床上的病人，正是三个月前一举剿灭南赣贼匪，刚被朝廷下诏升任都察院右副都御史的正三品南赣汀漳巡抚王阳明，随圣旨而来的还有一份关于嗣子王正宪的封官文书。由于王阳明功勋卓著，特封其子王正宪为从五品锦衣卫，世袭百户。但病床上的王阳明怎么也高兴不起来，这一年来征讨南赣等地，与贼匪斗智斗勇，身心好似被掏空了一般，昔年的肺病又添一层，咳嗽、咯血、发烧，迁延不愈月余。寂静孤灯下，其心中最牵挂的还是家中祖母老父，以及众多需要他点化教导的族中子弟。这么多年过去了，自己也算誉满天下了，所谓“天下何人不识君”，而最不认识他的，恐怕就是正德十年间的过继之子正宪。王阳明教导众得意门生，心里最愧疚的就是没有好好地教育、陪伴自己的儿子。想到这里，老泪纵横的王阳明提起笔，又写起了辞呈。

其实在南赣贼匪刚刚平定的时候，王阳明就写了封《乞休致疏》，疏中，王阳明历数了这些年为朝廷辛苦剿匪的经历：“去岁（正德十二年）二月往征闽寇，五月旋师；六月至于九月，俱有地方之警；十月攻横水，十一月破桶冈，十二月旋师；未几，今年正月又复出剿浰贼。前后一岁有余，往来二三千里之内，上下溪涧，出入险阻，皆扶病从事。”王阳明并不是邀功请赏之人，即使他日立下了平叛宁王这样的不世之功，两年时间里不得朝廷封赏反而是猜忌，他也是慨然笑之，今次王阳明急于表功，实在是身有顽疾兼思乡心切。

而这道折子递上去后，朝廷未予准奏，而是给他加官，还给了王阳明儿子荫封，王阳明苦不堪言，很应景地写了份《辞免升荫乞以原职致仕疏》，疏中的中心意思就是请朝廷不要给他加官，不要给儿子荫封，准许他辞官致仕。疏中言辞恳切，甚至有“疾病交作，手足麻痹，渐成废人”等心酸之语，然而，这封“致仕疏”依然没有被朝廷应准。

王阳明上疏致仕未予准许，与王阳明的军事伯乐，时任兵部尚书王琼有直接影响。王阳明在正德十四年私信给王琼，恳求其帮忙。王琼非常能理解阳明的心情，之所以将其致仕请求压下来，是他早已预见了即将爆发的宸濠之乱，为了江山社稷，只能把个人私情置于一边。

正德年间的江西，并不太平。南赣匪贼稍平，南昌府的宁王又蠢蠢欲动。

宁王朱权，是明太祖朱元璋的第十七子，最初是封在北边的大宁卫（今内蒙古宁城西一带），因号宁王。靖难期间，朱棣与朱权合作，夺得了天下，朱权迁封江西南昌府，从此世代在此繁衍。弘治年间，王位传到了第四代宁王朱宸濠手中。

经过多年蓄意酝酿，正德十四年（1519）六月十四日，宁王朱宸濠毫无意外地谋反了。在接下来的42天里，朱宸濠过了把皇帝瘾，也成就了王阳明的不世之功。

这场大战开始之初，双方兵力悬殊：朱宸濠“经营”多年，手握训练有素的精兵十万，剑指京师，而因战事突发，两京都未做好应战准备。此时，若能暂时拖延朱宸濠作战时机，使其部队在南昌城停留半月，各地则有时间做好应战准备。

扭转局势的关键，则是王阳明的攻心之策。

六月十五日，刚收到朱宸濠谋反消息的王阳明在临江府（今江西清江）奋笔疾书，召左右将公文一式数份，命得力干将带上公文前赴南昌，想办法使这份伪造的公文落到宁王手里。这份公文的主要意思是，朝廷早就知道宁王谋反之事，已经调巡抚两广都御史杨旦、巡抚湖广都御史秦金和南、北两京兵部属下大拨人马合围南昌，不日就可全歼叛军。

此刻，在王阳明下首候命的临江知府戴德孺看到这份公文有点莫名其妙，朝廷什么时候说要调兵围攻宁王了，这份公文简直就是假冒圣旨，胆大逆天。

王阳明给戴知府解释道："宁王现在刚刚举起反旗，正是气势如虹的时候。此时，他有三个选择：其一，直接带兵北上攻到京师，那么祖宗社稷就岌岌可危了；其二，走水路攻打南京，那么江南一带可能会因战争而民不聊生；其三，困坐南昌，那么四面八方的勤王之师集结之后势必将他拿下。那么你说，最好的办法是不是让宁王待在南昌城里不出来？"

"大人，您的想法确实不错，但是宁王凭什么听你的，在南昌城里按兵不动？"戴知府踌躇片刻，还是道出了他心中的疑惑。

"这就要看咱们这些公文有没有效果了。"戴知府注意到，王阳明说这句话的时候，眼神异常坚定。

"假公文"产生了预期的效果。朱宸濠一时也没了主意，在南昌原地不动。王阳明一看，攻心之策初见成效，心中有了下一步的计划。

六月十八日，吉安。参谋雷济星夜赶写南安、南雄、赣州等王阳明辖下各府的调兵报帖，命人带出吉安，前往南昌等各府，制造各府官兵将要围攻南昌的假象。与此同时，由王阳明授意、雷济操刀的迎接朝廷大军的假文书也出炉了。文书中称，南赣巡抚王守仁已经收到兵部的文书，待会集杨旦、秦金等部，克日就要夹攻南昌。另外，王阳明着参谋龙光给朱宸濠手下的谋士李士实、刘养正写信，信中称李、刘是假意投靠朱宸濠，实则是“身在曹营心在汉”。自然这些文书、报帖、书信如王阳明所预计的，很顺利地落入宁王之手。

朱宸濠在南昌城里等了半个月，等来等去都没看到传说中朝廷的各路官兵，方知中了王阳明之计，错过了最好的作战时机，在接下来的月余时间里，朱宸濠用兵失计，兵败如山倒，于正德十四年七月二十六日，在鄱阳湖被王阳明生擒，“宁王谋反”事件以官军获胜宣告终结。

四、不爱登庙堂　最是讲学乐

王阳明于正德十四年用42天时间生擒了造反的朱宸濠，化解了一场庙堂易主的危机。按常理，朝廷必将厚赏王阳明，可是厚赏没等来，等来的却是武宗身边的宦官张忠、张永等小人诬陷王阳明要谋反的消息。

幸运的是，武宗一番试探后，觉得王阳明没有谋逆之心，也没有谋反的必要，让他仍挂南赣巡抚的职衔，重回江西了。

王阳明从弘治十二年中进士入仕途，到如今风风雨雨十多载，经历了诬陷、被贬、平乱等，心中早已看淡了一切，正所谓功名如浮云，最是讲学乐。王阳明在江西期间讲学游历，做了很多事，比如在江西南昌首次提出了“致良知”说；和朱子后学罗钦顺讨论时下学术问题；在庐山白鹿洞举办讲会；收了著名的草根学生王艮。王阳明早已在讲学授徒中获得了比封爵赏赐更多的荣耀和快乐。

正德十六年（1521）三月，明武宗驾崩。王阳明又把《乞归省疏》呈于新帝世宗，终获准归乡之旨，于九月回到故乡浙江。其高足钱德洪听得王阳明归余姚扫墓祭祖，早早地就准备起来，带着两个侄子和朋友70余人一起迎接王阳明登临余姚龙泉山中天阁，举行了一个盛大的拜师仪式。

龙泉山，又称灵绪山、屿山，位于姚江北岸，因山腰有泉，名龙泉，泉水不大，但终年不涸，故名龙泉山。龙泉山高度不到200米，但登山眺望，余姚景色可以尽收眼底。宋代以来，名人骚客来往不绝，如朱舜水、严子陵、王阳明、黄宗羲、吕本等。如今王阳明讲学的中天阁位于南山腰，初建于五代，取唐诗人方干诗中“中天气爽星河近”之意而命名。在王阳明居越的6年中，每逢初一、初八、十五、二十三，他都会从山阴坐船来到余姚开坛讲学，他还给中天阁学子制定了学规——《书中天阁勉诸生》，首句便告诫诸生：“虽有天下易生之物，一日暴之，十日寒之，未有

余姚龙泉山中天阁

能生者也。”希望大家不要因为自己没在余姚亲自授课就懈怠了学习，一定要不定时地互相砥砺切磋，交流时也要谦虚诚恳，不能动气好胜……王阳明像教育自己儿子正宪一样，尽心化导故乡学子，一时间浙东小县城里书香弥漫，心学有声。

王阳明一生，追随者众，保守来看，有名有姓的有410多人，他们从京师到贵州，到南京，而后又是江西、浙江，举凡王阳明走到哪里，他们就跟到哪里。多年来，师徒间风雨相伴，亲密的感情早已超越师生。学生视王阳明为父，王阳明也待生如子，王氏家风亦是王门学风。

五、为王朝尽最后一份力

转眼已是六年光阴，六年时间，王阳明纵情于家乡山水间，在讲学授徒中得到了快乐和满足，大明朝堂少了一位中流砥柱，绍兴乡间多了一位圣贤大师。不过，这平静又被一纸征召打破了。

大明嘉靖六年（1527），广西地界又出乱子了。

广西西南田州（今广西田阳）、西部的思恩府（今广西平果）两府的知府都姓岑，是世袭官位的当地土司。嘉靖二年（1523），田州府原知府的儿子岑猛谋反，被时任提督御史、广西巡抚姚谟镇压，同时姚谟借着势头强势推行“改土归流”政策。但不到四年，思恩府土目王寿和田州府土目王受、卢苏打着岑猛的旗号，要求恢复两地土司制度。这次，朝廷无法抗衡叛贼之乱，迅速地败下阵来。于是，朝廷又下诏书：王阳明兼任都察院左都御史，平思、田之乱。

嘉靖六年十一月二十日，王阳明日夜兼程，到达广西梧州。王阳明发扬“知行合一”之思想，细研思、田叛乱之由，定下了一个平叛目标——改剿为抚，土流并用。

十二月二十六日，冒着严寒，王阳明指挥部下将行营官署搬到了南宁府（今广西南宁），以攻心为上，像教育自己的学生一样，教化得王、卢二人心服口服，不费一兵一卒就平定了广西思、田之乱。

照说此时王阳明可以提笔写个报捷疏文，待嘉靖帝阅后批准，便可以收拾行装回程享天伦之乐。可是，王阳明心中有大爱。广西是个远离京师，少数民族聚居之地，由于战乱，很多居民流离失所，人心陷溺，士习日偷，风教不振。如果仍推行“改土归流”政策，那么还会有可能出现王受、卢苏之流，受苦的只能是战火中普通的百姓。王阳明借圣旨授其“便宜行事”的权力，在此地兴学校、办书院，教化民众之心智。

王阳明请来在广东揭阳做官的学生季本到广西南宁的敷文书院当老师，考虑到田州府生源缺乏，又令广西提学官想各种办法鼓励生员来田州府学读书，还亲自延请了福建生员陈大章来田州学府教生员礼仪……渐渐地，广西习礼之风渐趋浓厚，民众心智日益开化。

在此之后，王阳明又受朝廷派遣，花大半年时间平定了危害当地大藤峡（今广西桂平城区西北）、八寨（今广西桂林永福境内）100余年的山匪之乱，而他的身体，就像蜡烛燃烧到了尽头，彻底垮了。

王阳明心知来日已经不多了，他想把这副骸骨埋在故乡的土地上。九月初七，王阳明到了广州，在这里等待让他归乡养老的圣旨，在此之前，他拜谒了儿时偶像马援将军的伏波庙。到了广州后，又去了六世祖王纲的祠庙。年少时与祖父、父亲相处的点滴浮现心间，犹记得姚江之畔，通济桥上，少年不知愁滋味的王阳明缠着祖父要听王家祖上的小掌故，祖父口中王导、王羲之的故事永远是那么动听，王纲、王彦达的父子之情永远是那么感人；还记得京城里，状元第，父亲嗤笑自己不知天高地厚，妄想以书生之力匡平天下；也记得山阴王宅，父亲离世前最后的教诲和嘱托，父亲终于理解自己，以有王阳明这个儿子而骄傲。

嘉靖七年十一月二十九日辰时，王阳明留下“此心光明，亦复何言”八个字，与世长辞于江西南安府青龙铺（今大余青龙镇赤江村）。

王阳明墓。在今绍兴城西兰亭镇花街洪溪仙暇山南麓

第三节 教导诸弟

古语有云："兄弟怡怡，宗族欣欣。"意思是一个家族，如果兄弟间和睦团结，其乐融融，那么家族就会欣欣向荣。以王氏家族的历史来看，祥、览兄弟以"孝""悌"起家，其后代子孙无不谨遵家训，从而成为枝繁叶茂的大族。

王阳明出生在一个和谐友爱的大家族，祖父王伦有三个儿子，长子王荣、次子王华、幼子王衮。因此，王阳明的亲兄弟、堂兄弟等同祖兄弟就有7人，算起同宗的从弟等人，王阳明"守"字辈兄弟至少也有10余人。

王阳明是这十几个兄弟中人品、学问、功绩最高的人，他又是王华的长子，所以自然而然地承担起教导诸弟的职责。由于常年在外为官，书信成了王阳明肩负教育子侄重任最有效的形式。正德十三年，他觉得"友爱之风衰薄已多"，于是提笔给弟弟们写了封语重心长的信。信中，王阳明回忆起祖父王伦在世时，家中友爱孝亲，到了我们"守"字辈，虽不至于像别人家那样兄弟阋墙，但是和老一辈的人比起来，友爱之风已经淡漠很多了。就比如自己对待你们这些弟弟，好像平日里在外人看来大概过得去，然而自己静下心来反省的时候，仍然发现对你们并没有完全地坦诚相待。究其原因，就是所谓的“责人则明，恕己则昏”，每每想到这些，王阳明内心就非常愧疚自责，觉得自己并没有尽一个长兄的责任。在信末，王阳明希望诸弟与自己共勉，“勿谓尔兄已为不善而鄙我，勿谓尔兄终不能改而弃我”。其实，王阳明这段话委实过谦了，他对几个弟弟的关爱教育，可以说是非常尽心尽力了。

王阳明“守”字辈诸弟中，最有成就、最得王阳明看重的是王守文。王守文是王华最小的儿子，乃王华继室赵氏所生之子，在嘉靖十六年（1537）时中过举人，后来进士及第，当过安仁县知县。

正德七年（1512）年底，洗去了贵州龙场一路风尘的王阳明，迎来一段比较悠闲的日子，朝廷任命他去南京当太仆寺少卿。太仆寺是什么衙门？是全国掌管马政的最高机关，也就是管马的。由于马在古代地位挺高，作用挺大，出行、打仗、放牧、游玩都要用到，所以早在春秋时就有太仆寺这类机构。明代太仆寺有正职太仆寺卿一人，从三品；副职太仆寺少卿三人，正四品；下设主簿、寺丞等属官。王阳明由正五品吏部考功清吏司郎中擢升为正四品太仆寺少卿，貌似不错，可去的是南京，就大不一样了。

明代实行两京制，留都南京也有一套完备的行政机构，也就是说，在南京也有一套六部官署，不过这南京六部，除了南京兵部尚书“有匡救弥缝之责，有防杜遏折之机”的实权，其他的职位颇有点养老之意。王阳明在上任南京前，先回故乡省亲了。

这趟回家，他见到了久未谋面的幼弟守文。守文拖着羸弱不堪的身子表示想跟哥哥学圣贤之学。

王阳明听守文这么说，心里很是高兴，一直以来，在诸弟中，守文弟是最像自己的，每每与同道中人谈起守文，也总是赞不绝口，不过守文自幼身体孱弱，自己年少时就因为读书太猛落下肺病的症候，至今迁延不愈，可不能让弟弟走自己的老路，所以当下王阳明并未答应守文的请求，只是嘱咐养好身子，待身体健朗就带弟弟读书。

正德九年（1514）秋，王守文寻到了南京。王守文在南京待到了正德十年的夏天，学问也长进了不少，与哥哥辞行时，王阳明除了对守文诸如睡觉勿贪凉、饮食要节制等生活嘱咐外，还教导弟弟谨记“立志”二字。为了让守文加深印象，王阳明在守文别后，撰写了一封信，重申“立志”要旨，即我们今日看到的《示弟立志说》，信中开篇即言“夫学，莫先于立志”，接着，他告诉守文弟，学做圣贤必须克制自己心中的杂念，要克制杂念，须找到一个方法，“然后可得而讲，而亦有所不容已矣”。同时，王阳明告诫守文，学圣贤，要体现在身体力行中。最后，王阳明总结道，人们做学问最大的弊病就在于心中没有远大志向，“故今以立志为说。中间字字句句，莫非立志。盖终身问学之功，只是立得志而已”。

“立志”，是王阳明反反复复提到的话。正德三年（1508），王阳明在贵州龙场讲学时心学初创，龙场驿每天都挤满了想聆听他思想的人，学生资质良莠不齐，有些是一时兴起，有些却是一生追随。鉴于此，王阳明给他的学生们定下了“王门四规”：立志、勤学、改过和责善。王阳明把“立志”放在了首位，认为“志不立，天下无可成之事”。如果立下成圣的志向，就会成圣；立下成贤的志向，就会成贤。“志不立，如无舵之舟，无衔之马，漂荡奔逸，终亦何所底乎？”这“立志”的诫规不仅适用于王门学子，也适用于家人，除了教导守文，王阳明也多次在不同场合不厌其烦地教导诸位弟弟。正德二年夏，王阳明受朝廷宦官小人刘瑾之迫，被派往贵州龙场当驿丞，此一去，关山路远，也不知道还能不能和家中亲友诸弟相见，所以王阳明决定去贵州前，先回乡探亲，然后再从杭州出发去贵州。在杭州时，他见到了前来给他饯行的弟弟们，有点伤感，彼此说了些宽怀安慰的话，王阳明对弟弟们说：“圣贤可期先立志，凡尘未脱漫言心。”

由于王家世代以孝顺敦和的家风传世，祖上又出过王祥、王览这样兄友弟恭的大贤大德之人，所以王伦、王华父子严格地把“视诸昆弟之子不啻己出”的王家家风贯彻下去。王阳明45岁以后忙于征战，对弟弟们的教育一般由书信指导，委托给父亲王华，弟子钱德洪、邹守益等人具体执行。无论是在南赣剿灭山贼最艰难的时候，还是在与宁王决一死战的时候，抑或是在往广西平乱的路上，王阳明都不断地写信给父亲、族中克彰太叔、钱德洪甚至是儿子正宪（正宪与族中“守”字辈几个叔叔年龄相仿）等人，让他们紧盯弟弟们的学习，从旁引导化育弟弟们的圣贤功夫。除此之外，王阳明还直接给弟弟们写信，关心他们的学业、生活，事无俱细。如正德十一年，王阳明给弟弟守文写信，除了叮嘱他“日严日畏，决能不负师友属望之厚矣”，更关心弟弟虚弱的身体，要求他“养德养身，清心寡欲，精神自当完固矣”。除守文外，其他几位弟弟守俭、守章也让王阳明放心不下，《寄诸弟》这封信就是写给所有弟弟的。信中，王阳明担忧地说道：“弟辈本自美质，但恐独学无友，未免纵情肆志，而不自觉。”他要求弟弟们向族中石川太叔学习请教，结交一些正派之友。王阳明不仅对自己的诸亲弟关爱有加，对族中同辈从弟也是恪尽长兄的教导之责。《寄伯敬弟》就是写给叔父王衮长子王守礼的信。这封信中提到了三件事：一是安排守礼弟保护祖坟；二是请守礼劝诫八弟王守恭（王衮幼子），“凡百亦可时时规戒”；三是请守礼调解好朋友石山翁家中两个儿子子良、子全之间的矛盾，要守礼私下说于子良，“庶可以息眼前谤者之言，而免日后忌者之口”。王阳明颇费苦心地斡旋石山翁家的两个儿子，致力让他们兄友弟恭，这既是珍重与石山翁的情谊，更为王氏家风使然。

第四节 拳拳教子

当年王伦看到余姚王氏家族枝繁叶茂，渐渐有中兴之兆头，便想到举凡世家大族给儿孙取名都是循着辈分世系，以便传史有序，于是定下了从孙辈开始的20字辈分世系，即“守正承先业，贻谋裕后昆，忠孝传家远，诗书绍泽长”。王阳明是“守”字辈，其儿子则是“正”字辈了。

一、正宪与正亿

王阳明一生建功立业，征战四方，讲学著书，桃李天下，唯一遗憾的，就是子息不旺。王阳明名下有两个儿子，长子王正宪，幼子王正聪（后为避当时的权臣张聪的名讳，由其岳父黄绾改名为正亿）。王正聪是王阳明唯一的亲生儿子，生母是王阳明的继室张氏夫人。

嘉靖五年（1526）十一月，55岁的王阳明老来得子，喜不自禁，给他取名正聪。“正”字是遵循了王伦定下的族谱范字，“聪”则寄托了王阳明对幼子的期望。可惜，这样的好日子才过了一年不到，王阳明奉朝廷之命又得远赴广西平乱了，之后不过一年光景，王阳明就病逝于江西，彼时的小正聪不过2岁，还没有机会从王阳明那里听到一言半句的教诲，就失去了父亲的照顾和疼爱。

王阳明死后，嘉靖帝未兑现对王家世袭恤典的承诺，朝中渐渐有不利于王阳明的流言传出。

消息传到绍兴，家乡恶少闻风而动，往日伯爵府里的娇贵公子正宪、正聪也成了任恶少欺辱的对象。正聪只有四五岁的年纪，根本没有自保的能力，王门中人护着正聪躲来躲去，王阳明的门生王畿等人，想着正聪东躲西藏不是办法，开蒙教育可能都会被耽误，于是，带着正聪投奔正在南京担任礼部侍郎的黄绾。

黄绾（1477—1551），字宗贤、叔贤，号久庵、石龙。浙江省黄岩县（今浙江台州温岭岙环镇）人。王阳明初识黄绾于其结束贵州龙场驿任职回到北京之时。正德五年，王阳明结束了贵州龙场的谪贬生活回到了北京，彼时黄绾在京城当官，仰闻王阳明已久，两人一见如故，和当时正在京城的湛若水一起在大兴寺讲学，三人友谊笃深。

黄绾将正聪改名为正亿，以翁婿之名，将其带在身边，亲自教养。直到隆庆初年，王阳明沉冤昭雪，正亿才回绍兴老家。

相比正亿，正宪是幸运的。因为自他8岁过继以来，王阳明的教育和关爱一直陪伴着他。王正宪（1507—1563），字仲肃，号紫汉（一说紫溪），正宪过继于王阳明时，王阳明44岁。正宪是父亲王华做主给自己挑的嗣子，是叔父王衮的孙子、堂兄王守信的第五子。叔父一生勤修砥砺，品德高尚，父亲的眼光、叔父的德行，使王阳明觉得，此刻刚到他家的正宪小儿，未来若悉心教育，必能继承王家家风！

然而，与正宪相处才不过一年多光景，朝廷派遣王阳明为都察院左佥都御史，前去南赣剿匪。离家差不多三年，王阳明心中最担心的是正宪的学业。虽说当年父亲在族中子弟中给自己选嗣子已经非常慎重了，正宪也是这一拨“正”字辈侄儿中品德修养比较出众的一个，可是在他和正宪仅有的接触中发现，正宪还是有点“狂稚”，甚至还有点“懒惰”，若不及时加以妥善的引导，及至其长大成人就晚矣。如今关山路远，唯有靠书信寄情了，王阳明提起笔，给正宪写下了一封《示宪儿》的家书，这就是后世常提到的“王阳明家训”。

幼儿曹，听教诲：勤读书，要孝弟；学恭谦，循礼义；节饮食，戒游戏；毋说谎，毋贪利；毋任情，毋斗气；毋责人，但自治。能下人，是有志；能容人，是大器。凡做人，在心地；心地好，是良士；心地恶，是凶类。譬树果，心是蒂；蒂若坏，果必坠。吾教汝，全在是。汝谛听，勿轻弃！

实际上，除了这封《示宪儿》的家书，只要王阳明在外当差，就会通过书信的形式教育儿子。如嘉靖六年王阳明写了四封家书，教导正宪读书敦行，严守家规，“读书敦行，是所至嘱。内外之防，须严门禁”；教导正宪听从长辈教训，做好表率，“凡宜从戒论而行。读书执礼，日进高明，乃吾之望”；教导正宪反省如何“致良知”，“吾平生讲学，只是‘致良知’三字。汝于此处，宜加猛省”。

正宪在王阳明的悉心教导下，行为、品德方面确实不辱王家家风。

正德十四年（1519），王阳明因为平定江西三浰、九连的匪乱而荫子锦衣卫，世袭副千户，也就是说，正宪可以因他的功劳，不用科举，直接做官。

明代有个比较有特色的军功褒奖荫叙——文官荫子武职制度。简单点说，就是给那些有军功的文官儿子一个封赏，一则用以奖励文官对国家的军事贡献，再则弥补朝廷对文臣封爵的不足，因为明代异姓文臣得封爵位只有三种：公、侯、伯，能封到爵位者少之又少，有明一代，整个浙江也就王阳明和刘基两个人。

王正宪年仅11岁的时候，就因为父亲王阳明军功受封世袭锦衣卫副千户，可以说此后一生无忧了，可是他却在14岁时，提出要自己通过科举入仕。

原来明代恩荫武职子孙承袭是有次序的，“必须世嫡或嫡长子孙别有职事，方许次房借荫”。正宪14岁那年，王阳明的嫡长子出生了，正宪自幼受王家家风熏陶，从小听着祖上王祥、王览两位大贤人的故事长大，知孝悌、懂谦恭，所以当王阳明嫡子出生时，正宪就毫不犹豫地推辞了荫封。王阳明听闻正宪立志科举，很是欣慰，写信道：“科第之事，吾岂敢必于汝，得汝立志向上，则亦有足喜也。”王阳明对科举一事一向秉承“圣学无妨举业”的宗旨，子侄辈参加科举，他的态度一向是“顺其自然”。

据仅存史料，虽很难发现王正宪在举业和学问方面取得了什么成就，但可以肯定的是，正如其父所愿，王正宪将王门孝悌之风接续和传递了下去。

二、侄儿眼中的偶像

王华有四个儿子，仁、俭、文、章，但到了第三代，子息不旺，只有王守俭得了一个儿子名唤正感。王华一向提倡兄友弟恭，一直将哥哥王荣和弟弟王衮的孩子视如已出，带在身边亲自教育。王阳明是王华的嫡出长子，挑起了父亲王氏“大家长”之责，对亲兄弟、堂兄弟甚至是他们的孩子多有提携。

在众多“正”字辈侄儿中，王阳明比较偏爱叔父王衮之孙王正思（王守礼之子），一来正思聪明伶俐，勤奋上进；二来王华家一向和王衮家的孩子比较亲密，过继给王阳明的正宪，就是王衮儿子守信所出。

王阳明虽常年征战在外，却也放心不下家中侄儿们的学业进步。正德十二年（1517）四月，在南赣巡抚任上王阳明围剿福建漳州盗匪大获全胜，心情大好，复又收到家书，知悉侄儿王正思学业有所进步，学官考试时名列前茅，王阳明甚为高兴，给正思侄儿写了封家书。

信的开篇第一句就是：我们王家书香门第，希望你能把读书的家风继承下来，继续努力。

王阳明复又写道：我让你们好好读书，并不是希望你们取得高官厚禄，这些东西太世俗。我只是希望你们随时想着仁、义、礼、智，想着孝顺父母、友爱兄弟，这样才算真正的荣耀。

那么他希望侄儿怎么做呢？——“立志”。他说：我写过一篇立志的文章给十叔，你可以抄录一份，把它放在桌上，有事无事拿出来看一下，必能从中受到启发。

末了，王阳明还担心正思对自己的主张心存疑惑，不惜自夸来叮嘱侄儿：你别以为你们的伯父只是个寻常人，其话未必足以效法，也不要以为他说的话好像有道理，细想又觉得是不切实际的空谈。如果你们真这么想，我也无话可说了。

其实王阳明的这种担心完全是多余的，王正思对自己这位伯父，是发自内心的崇拜。他曾经在《王阳明像赞》提了这么一段话："思（王正思）自孩童，即闻至教。言辞动履，并皆心妙。学问由成，中和体效。功业所就，仁义肯要。千圣一心，良知孔巧。俯仰古今，至诚合道。"

像赞，是为人物画像或人的相貌所作的赞词，一般配置在各姓氏宗谱的先公遗像后面。题词人依据自己的想法、立场而撰写对画像中人物的赞美之词，虽然并不一定都能做到公允、恰如其分，却可以反映题词人对像中人的敬仰之情。王正思这段文字，不仅饱含了对伯父的崇敬，而且还把伯父心学要旨概括得很好，想来是经常接受伯父的教诲，对心学道理纯熟于心之故。

王正思是王家众多侄儿中比较出色的一位，进士出身，后担任建宁府知府。虽然长年游宦在外，却也关心着家乡余姚的建设，捐田修庙，撰写碑文等，眷恋故乡的情怀，与其伯父王阳明一般无二。

第五节　赫赫绍兴伯爵府

明成化十七年（1481），王华赐进士及第后，因思山阴山水佳丽，又为先世故居，就举家从余姚迁到山阴光相坊居住。王阳明一家自余姚徙居越城后，曾经有过三处宅第：一是光相桥东侧西河以北，现下大路上的“王文成祠”；二是光相桥西侧的三所大台门；三是光相桥东侧西河以南，现上大路王衙弄的“伯府第”。

今绍兴城内光相桥。王阳明父亲王华从余姚迁居山阴后居住于此地附近的光相坊

绍兴老城流传着这样一个民间传说，“吕府十三厅，不及伯府一个厅”。吕府的主人吕本，是王阳明的余姚老乡。昔年在余姚时，吕府的瑞日楼就和王家租住的瑞云楼两两相望，后来两家前后搬来山阴，都在光相坊两隔壁建起了宅子。

今绍兴吕府一角。东起万安桥，西迄谢公桥，占地48亩。南向共有13座厅堂，故又称吕府十三厅

见过吕府规模的人不禁要对这个民间传说打个问号。吕府占地48亩，宏伟豪华已是无人能及了，那当年的伯府第该富丽堂皇到什么地步呀！

其实以王家这么质朴务实的家风和王华低调的个性，实在不可能建造如此穷奢极欲的宅子，但伯府乃钦赐御建，大厅用的都是上好的楠木，加之以爵位而不带姓氏命名，自然要比隔壁吕府大气。

山阴王家系王华、王阳明父子所建，光相桥东侧是“宫保第”，住着王华的长子王阳明，光相桥西侧有三所大宅子，住着王阳明的几个兄弟守俭、守文、守章，一大家人其乐融融、相依相伴。

“伯府大埠头”。紧靠“伯府第”的西小河，河边有一古朴的石阶河埠头，当年多用于接待四方负笈来游的门人，故称“伯府大埠头”。

除了有一大家子侄至亲，还有那些追随他、仰慕他的学生们，他们从贵州至江西，由南京而绍兴，与王阳明风雨与共，早已有了超越亲人的情感。嘉靖三年（1524）中秋月夜，王阳明决定在伯府设宴，和学生们一起赏月夜话。

这是王阳明待在越中过的第三个中秋节了。三年前，王阳明“百战归来白发新，青山从此做闲人”，江西剿匪的功臣王阳明，回到故乡安然地做起了“新建伯”。这三年王阳明历经人世间的悲欢离合，他仰慕一生的父亲、风雨相伴的夫人都离他而去，即便如此，他还是一刻不停地讲学论道、培养学生，所以，他想借着这次中秋夜宴的机会，抒发自己的思亲情愫，和学生们讨论讨论心学。

夜宴的地址是王阳明亲自定下的，就在伯府前碧霞池旁正挨着天泉桥的空地上。据说这碧霞池是王阳明亲自命名的，当年王阳明曾登泰山至极顶南面的碧霞元君祠，并留下了“遥见碧霞君，翩翩起员峤……从此炼金砂，人间迹如扫”的诗句。碧霞元君为泰山之女，她在民间信仰中属于生育与平安的保佑神。王阳明虽与妻子诸氏共居，却一直没有生育后代，可能基于此中美好愿望，给家中景物取名“碧霞池”了。中秋当天，王阳明早早地让家仆把一应宴饮所用准备妥当。当是时，百余门生拥着王阳明坐到席首，众人举杯，恭祝老师佳节愉快，王阳明颔首点头，嘴角挂着笑

碧霞池。在绍兴古城区西小河旁王衙弄前。

意，心中甚是愉悦。酒半酣，歌声动，学生们或投壶聚算，或击鼓泛舟，好不热闹。王阳明兴起赋诗，写下了“处处中秋此月明，不知何处亦群英？须怜绝学经千载，莫负男儿过一生。影响尚疑朱仲晦，支离羞作郑康成。铿然舍瑟春风里，点也虽狂得我情”的诗句。

中秋第二天，学生们都来道谢老师前一日的款待，有学生聊到了昨晚老师即兴所赋之诗，于是向老师求教。

王阳明首先说：“你们都知道，当年孔子在陈国，思念鲁国的那些狂放之士。”这句话是怎么说的呢？我们都知道，孔子这位大圣人，在道德修养上很推崇“中庸”，认为中庸是作为圣人区别于常人的最高的道德准则，所以他很欣赏像颜回这样道德修养接近于完美的人。不过他自己也知道，能做到中庸的人毕竟是少数，所以他觉得，能做到“狂、狷”也是不错的。狂士就是激进向前的人，狷士就是洁身自好的人，这两种人，孔子都乐意和他们交朋友，比如说著名的鲁国狂士曾点。

曾点，字皙，故又称曾皙。春秋时期鲁国人，曾参之父。曾点比孔子小6岁，是孔子30多岁第一批授徒时收的弟子。曾点“狂”到什么程度呢？鲁国大夫季武子死后，曾点前去吊丧，很“出位”地用“倚门而歌”来吊念死者。孔子在陈国饱受困顿之时，自然就想起了鲁国狂士自在、自得、适意的精神生活，渐渐有了归去的念头。此刻，王阳明用这个典故，教育诸生要在“富贵声利之场”中做一个卓然自立、不沉沦于世俗的狂士，当然，王阳明不忘以王门经典家训教育诸生，“做狂士别忘了律己以修，不然就会终止于狂，得不偿失了”。

王门学子似乎对这场嘉靖三年的中秋夜宴很是怀念，77年后的万历二十九年（1601）的中秋之夜，王阳明学生王畿的学生周汝登在同样的月夜、同样的景致下和诸友50余人也搞了中秋夜宴，周汝登还赋诗“证道百年人未散，赓歌千古月常明”做纪念。

第四章

不姓王的王家人

徐爱（1487—1517），字曰仁，号横山，浙江余姚横河马堰（今属浙江慈溪市）人，王阳明妹婿。正德三年（1508）考中进士，后官至祁州知州、南京兵部员外郎、南京工部侍郎。徐爱之于王阳明，有如春秋时期颜回之于孔子，足见王阳明对徐爱甚是爱护。

第一节 是亲人 数载相依

徐爱是王华亲自为爱女挑选的乘龙快婿，“肌肤玉雪、神情莹然”。王华阅人无数，当徐爱与其叔父来王华家相亲时，一见便知徐爱为不凡之人，于是当下就招为东床快婿。用王阳明的话说，当年“家君舍众论而择子，所以择子者，实有在于众论之外。”事实证明，王华的眼光没有错，爱女佳婿成亲后，夫妻和美，日子幸福。

徐爱是王阳明最早的学生之一。王阳明赴任贵州龙场驿丞之前，悄悄跑回家乡探望家人，徐爱收到王阳明回家的消息，便急急赶来相见。

两人从家庭谈到学术问题。彼时，徐爱刚考上秀才，也要和王阳明当年一样，在科考仕途的大路上砥砺前行了，王阳明说了许多勉励的话，并告诉徐爱，他的好朋友湛若水就在京城，有什么困难可以去找他。徐爱很感谢大舅哥的帮助鼓励，提出拜王阳明为师。

王阳明收下徐爱这个学生就上路去了贵州龙场当驿丞，刚入师门的徐爱，还有很多问题要向老师请教，而关山阻隔，通一封信都要十天半个月，又听说老师在贵州创立了心学，徐爱则急忙写信，表达了想去贵州的愿望。不多久，徐爱收到了回信，老师在信中表达的中心想法只有一个：你应该先去科举。

王阳明向来是秉持“圣学无妨举业”的态度，有了科名在身，便有了知名度，进而就会有慕名而来的学生。日后的事实证明，王阳明这个思路是非常正确的。王阳明在此封信中鼓励徐爱，既然你这么多年学习举业，就该勇于上考场，尽人事，听天命，并传授了许多考试经验，比如考试前十日要开始早起、调养，考试前最后两日，不要翻阅相关书籍了，尽量闲下来，养成此心不动的心态。或许王阳明觉得，徐爱这次是第二次参加乡试，圣贤书读得自然非常充分了，最怕的就是心态紧张，所以提笔写了一封看似啰唆，实际能达到心理劝慰效果的书信。

这次，徐爱以乡试第29名取得了赴京参加会试的资格，并在正德三年的春天，以全国186名的成绩荣登进士二甲第六名，那时的徐爱，年仅22岁。第一个官职是北直隶保定府祁州知州，从五品。

这已经不是王阳明第一次以家书的形式劝慰徐爱了。弘治十七（1504）年，徐爱第一次参加乡试落第后，王阳明即写信，勉励徐爱毋为习俗、物诱轻移志向，并且以昔年徐爱叔叔的反面例子教导其不要“去高明而就污下”。末了，为免徐爱心有芥蒂，还特意言明：“所不避其切切，为吾子言者，幸加熟念，其亲爱之情，自有不能已也。”

第二节 是高足 受道传学

正德七年（1512年），祁州知州徐爱任职三年考满后，进京入觐。

中国古代统治者对文官实行定期考核的制度萌芽于秦代。明代统治者吸取历代经验，把文官考核制度做得更加精细正规，主要形式有“考满”和“考察”两种。徐爱这次就是参加完三年考满后，循例入京等候升迁的。所谓“考满”，就是对官吏以任职的年限为标准的一种常规考核，主要考资历和政绩，是一种经常性的事务，也是文官“升职加薪”的依据。明廷对文官“考满”规定得非常细琐繁复，比如徐爱的祁州知州，在明代九品十八级的官秩中属于从五品文职外官，在三年任职期满之后，由他任职的北直隶布政使、按察使二人共同主持一场类似“任职情况评定”的会议，给徐爱在上、中、下三等中定出一个等级，上等可晋升官职，中等可维持原职，下等就会面临降职，然后布政使、按察使再联合撰写一份类似“考察报告”的文书，递交京城吏部考功司复核。

徐爱这次能够有资格进京入觐，说明他在祁州知州任上表现优异，所以布、按二使在他的“考察报告”上打了“上等”，从而使他获得了升迁的机会。当地百姓都对他爱戴不已，离开祁州之后，百姓们还建了一个生祠纪念他。

正德七年的暮秋，徐爱在京城见到了刚洗去贵州风霜的老师王阳明。彼时的王阳明正忙着在北京城外大兴隆寺①讲学。

在这里，他和他的两位朋友：湛若水、黄绾组成了一个讲学“铁三角”，来听课的举子、高官、普通百姓把大兴隆寺搞得人声鼎沸，俨然京郊的“国子监”。

这是徐爱人生中第二次受业于王阳明，短短一个月的时间，他和老师讨论了很多问题，王阳明尤其讲了这些年在贵州龙场所悟“知行合一”之道，这是王阳明早期思想的精华。徐爱听完后深为佩服，因为就他自己来说，早期受了朱子学的影响，想问题做事有点“知而后行”的迹象，听完老师关于“知行合一”的见解，恍惚间觉得甚有道理，但又不是很明白，于是就向老师提问：

“老师，现实中有人明明知道孝、悌的知识，却没有行孝、没有行悌，如此看来，知与行明明是两件事，与您说的‘知行合一’矛盾了

① 大兴隆寺，又名庆寿寺，今在北京市西长安街28号，原本是英宗年间的权宦王振主持兴建的，庙宇殿阁很恢宏，耗费了不少钱财。王振修庙的本意是给英宗和自己祈福，不过福没至祸先来，大兴隆寺才落成一年，英宗就在土木堡之变中当了俘虏，王振也身首异处。大兴隆寺并未随之荒废，反而渐渐成为京中士大夫讲学会友的去处。

啊？”

对于爱徒这个问题，王阳明抛出了“知行本体”的概念。在王阳明看来，那些明知孝悌却不行孝悌的人是心之本体被私欲隔断，从表面上看产生了“知”与“行”分开的问题，实际上则是没有达到真正的“知”，真正知孝、知悌的人，是他已经行孝、行悌了。

王阳明这段话十分有道理，王阳明的一生中，最牵挂的就是绍兴的家和家里的人，虽然时时在外征战做官，却不忘行孝、行悌，可以说在孝悌这件事情上，王阳明切切实实做到了“知行本体”。

徐爱跟着王阳明在大兴隆寺讲学问道了一个多月，临近年关之时，师徒二人几乎同时得到了升官的消息：王阳明升为南京太仆寺少卿，徐爱升为南京工部员外郎。

王、徐二人得到圣旨后都挺高兴，因为二人都被调往南京，又临近新岁，正好可以结伴而行，顺便省亲。

在前往南京之路的品茗论学间，徐爱向王阳明提出了一个想法：把老师的语录编成类似《论语》《朱子语类》这样的册子，以传后世。

王阳明对于徐爱这个想法，有点不太支持，在他看来，圣贤教人，就如同医生开药一样，必须根据不同病人的具体情况而行，如果大家都共用一个药方，那就不是救人而是杀人了。自己对学生们的教诲，也是因人、因时而有不同的，完全是有感而发，如果变成语录教条，岂不是去害人。

不过徐爱有自己的想法，如果因为老师的语录有可能变成教条，就不去整理老师的训导教诲，有点失了为生之道，也不能使老师的思想流传于世，不免有点遗憾。再加上自己虽然入师门较早，却不能时时随侍在老师身边，聆听他的教诲，如果能将老师所言记录下来，这样以后无论是自己还是同学，学起师说就方便多了。徐爱又想到当年孔子对子贡说“我不想说话”，却和另一高足颜回讨论了一整天的故事。子贡善于谈吐，孔子用不说话提醒子贡要用心领会师说；颜回不善言辞，孔子用多说话提醒颜回善于表达师说。在徐爱看来，将老师的教诲加以整理，那么师门中的“子贡”“颜回”们就可以根据自己的情况善加利用这本语录了。

王阳明也不再反对，由着徐爱去张罗编辑语录的事情。正德十三年（1518），由徐爱、薛凯等人编纂的《传习录》在赣州刻印。

现今传世之《传习录》由王阳明三个高足徐爱、陆澄和钱德洪合力完成，取名“传习”是徐爱的主意。“传习”二字出自《论语·学而》“传不习乎”，意为对老师传授的知识，是否经常复习呢？“传习”二字，用于阳明语录，是再合适不过了。

在《传习录》的序言中，徐爱饱含深情和敬意地写道：先生对《大学》中“格物”等观点的阐发，都是以《礼记》旧版为准（即郑玄作注、孔颖达作疏版本），这个版本一直被朱熹等大儒诟病为误本。开始我听到先生这个观点的时候，非常吃惊，不过经过先生的教诲和我自己再三的比较考证，我觉得先生之说，就像水一样寒冷，又像火一样热烈，即使百年后的圣人，也不可能指出其间的不正确。先生的睿智与生俱来，性情乐观坦荡又平易近人。有人开始接触他的学说可能觉得他标新立异，经不起推敲，却不知道先生在贵州待了三年，困境之中砥砺学说，精纯的功夫早已超凡入圣，已进入中正之境。我入王门十余年，越学习越觉得先生学问精妙高深，而世间学子，有的仅与先生有一面之缘，有的还未认真聆听先生教诲，就妄自揣度先生学说，所以我把先生说过的话记录下来，为的就是让同志者认真学习揣摩，才能不负先生的教诲。

可惜的是，徐爱并没有机会亲眼得见，他于正德十二年（1517）五月十七日在山阴病逝。

第三节 是遗憾 英年早逝

明代工部职掌天下工役、农田、山川、薮泽、河渠之政令。工部最高长官为工部尚书，尚书之下设左右侍郎各一人，再下设四个清吏司（营缮、虞衡、都水、屯田），各司有郎中、员外郎、主事等官。作为南京工部都水司郎中的徐爱专管川泽、破池、桥道、舟车、织造、券契、量衡等事项，经常出公差。正德十年正月，他先到了湖南，路过永州府祁阳县，拜访了当年岳父王华任教祁阳时住过的宁府“梅庄别墅”，还会见了宁竑，即当年浙江左布政使宁良的公子，如今宁公子有文章、有德行，俨然一派风采卓华的气质，徐爱好生欣慰。

接着一行人等来到了衡山，在衡山留宿的晚上，徐爱做了一个很奇怪的梦，梦中一老和尚拍拍他的肩膀，说：“你与颜回同德，也与颜回同寿。”说罢，老僧不见踪影。徐爱梦中醒转，只觉得冷汗涔涔。

颜回（前521—前490），字子渊，是孔子最得意的门生之一。颜回是鲁国人，居住在鲁国都城内的“陋巷”，过着“箪食瓢饮”的清贫生活，刚到“自行束脩”的年纪就被父亲颜路（也是孔子的弟子）送入孔门，后终追孔子周游列国，伴其左右，回到鲁国后也没有入仕。颜回是孔子最骄傲的弟子，也是最令孔子肝肠寸断的学生，因为颜回德行居众徒首，却天不假年。

《史记·仲尼弟子列传》中载：“回年二十九，发尽白，蚤死。”《孔子家语》也记载“年二十九而发白，三十二而死”。孔子闻听颜回的死讯，竟像个小孩子一样放声恸哭：“老天爷要我的命啊，老天爷要我的命啊！”以至于随侍在其身边的学生问道：“老师，您真的那么悲痛吗？”在弟子的眼中，夫子是一个拘谨持礼的人，如此至情至性，还是第一次得见，孔子回答：“不为像颜回这样的人悲痛，还为谁悲痛？”孔子心里一直住着个颜回，以至于多年以后，鲁哀公问孔子：“你的弟子中，谁是最好学的？”孔子不假思索地说：“有一个叫颜回的好学，他有怨气不发到别人的身上，也不犯同样的过错，不幸英年早逝，现在再也没有像颜回那样好学的人了。”是的，在孔子心里，世上已无颜回，在王阳明心里，世上再无徐爱。

正德十一年（1516），徐爱回乡省亲，不料次年就于家乡因疾去世了。徐爱过世，王华很痛心。其一，白发人送黑发人，人间至哀；其二，女婿无论在品德还是学养方面，都很合王华心意，徐爱对他也很是崇拜，多年相处间，彼此早就结下深厚的感情；其三，女儿盛年丧夫，膝下也无一儿半女，以后无所依靠，让王华很不安心。

而徐爱是家中独子，其父徐玺只得了徐爱这么一个儿子，听得噩耗，老泪纵横。丧事办完后，王华想到亲家二老孤苦无依，于是把山阴王府东边房屋进行了修缮，让女儿和徐家父母居住，一来解决二老养老问题，二来可以告慰爱婿地下亡灵。

徐爱的死讯终于传到了赣州王阳明处。王阳明哀不自已，没想到当年徐爱从衡山回来时的一番话，竟成真了。

当时徐爱在湖南衡山做了那个奇怪的梦之后，回家便向老师倾诉。王阳明依稀还记得，当时徐爱复述这个梦境的时候，眉宇间隐有戚戚之色，王阳明当时亦安慰他梦境不可信等语，犹记得当时徐爱惆怅地说，寿夭有定，如果真是不幸如此，也是命定。我此生最大的愿望就是早日先归泉林，朝夕聆听先生的教诲，那么即使身死，亦无憾。如今看来，噩梦竟然成真，痴语变成谶言。想到此情，王阳明复又恸哭起来。

过了几日，家书来报，称徐爱已归葬山阴，一切身后之事皆料理妥当，请王阳明勿念，一切以大事为重。彼时王阳明一举剿灭了为患南赣地区多年的贼匪，正准备班师回朝，这封家书又勾起了王阳明对爱徒的思念，回想起往日与徐爱相处的点点滴滴：贵州远谪前的北面拜师，大兴隆寺里的讲学唱和，四明山间的吟诗作对，桩桩件件萦绕于心头挥散不去。这些年来徐爱之于阳明，既是家人又是爱徒，虽然各自都有皇命在身，并不能时常得见，却是彼此关心，天涯知己，便是如此。曾几何时，心下也曾暗暗想过，自己满有一腔圣学抱负，只是从年少时就落下肺疾，万一天不假年，可以将这无穷之志托付给徐爱，谁知如今徐爱先自己一步而去，从此上穷碧落，知音再难觅啊！

六年后，王阳明回到故乡，与学子门人一起专程去了趟徐爱墓，青山依旧，墓草萋萋，回望过往，不胜唏嘘。徐爱虽不姓王，却接受王门学旨，接续王氏家风，“良知”之说已倡，而徐爱却难闻，人间聚散离合，总让人无限感伤。

第五章

家风泽姻亲

姻亲，就是以婚姻而结成的亲戚。余姚王氏虽然在明代中微百年，但祖上是赫赫有名的琅琊王氏，所以王家的姻亲都是门当户对的书香人家。王家的姻亲们受王氏家风熏染，也越发地谦和孝悌、诗礼芬芳了。

第一节 姻亲诸氏

一、岳父之慧眼

弘治八年（1495）四月，王阳明撰写了一篇名为《祭外舅介庵先生文》，用以悼念不久前病逝的岳父诸让。

诸让（1439—1495），字养和，号介庵。诸让也是浙江余姚人，明成化年间进士，先后在南京、江西、山东做官，做官虽乏善可陈，但选婿很有眼光。

诸让有两个女儿，长女嫁给了余姚同乡、新建伯王阳明，幼女嫁给了余姚同乡、明代著名的状元宰相谢迁之子——弘治十八年乙丑科的探花郎谢丕。

诸让选女婿独具慧眼，余姚名门王、谢二家最有才情、最有本事的公子皆被他收归“囊中”。诸让与王阳明的翁婿缘份起自王阳明少年时。彼时，王阳明随祖父王伦到京城投奔中了状元的父亲。恰在这一年诸让被派了主考会试的差事，王华携子过府拜访。诸让见王阳明生得细眉秀目，甚是可爱，便和王华商量结下了“尔子，我女妻之”的娃娃亲。自此，诸让就将王阳明视为半子，因怜悯阳明少年丧母，时常写信给王华，让他好生安慰爱婿。后来诸让在江西做官，想着两个孩子已到成婚年龄，就写信给王阳明来南昌完婚。弘治元年（1488），王阳明来到南昌，做了诸让真正的女婿。

王阳明成为诸家女婿后的第八年，岳父诸让病逝于山东布政使司左参政任上。

在岳父亡故后的二十六年，王阳明借着顺道归省的机会，亲往岳父坟头祭奠。

这还是岳父下葬后，王阳明第一次来到坟前祭拜，并不是王阳明将岳父忘记了，实在是多年宦海沉浮，征战沙场以至于回乡无期，难以在岳父坟前尽孝。可喜的是诸家人丁兴旺，诸子兄友弟恭，同心同德，子孙也个个成器。想必岳父亡灵，应该有所慰藉。

诸让的五个儿子中，四妻舅诸经与王阳明关系最好。

诸经，字用明。这人有点痴念，喜欢“积德励善”，对科举做官不感兴趣，却劝姐夫王阳明坚持做官。

正德六年（1511），王阳明在京城做吏部封清吏司的主事，心里却想着心学的修炼和传播，有辞职回乡的想法，王阳明写信给家人，却遭到家中亲友的一致反对，平日与阳明关系最好的诸经，给姐夫写了一封信，劝他不要辞官。

王阳明在收到妻弟诸经之信后，遂写了封回信，即今日我们所见《寄诸用明》，诸经读完王阳明的回信，心中对姐夫更为敬佩。在这封信中，王阳明并没有直接回答是否辞职这个家人们迫切关心的问题，而是谈了科举和圣学的关系，认为真君子不是应该整日担心科举能不能考好，而是应该担心心性涵养的功夫有没有做好。

诸经想起姐夫王阳明的那句名言“中举不是人生第一等事，成为圣贤才是第一等事”，如今想来都让人振聋发聩。信中，王阳明还关切诸经两个儿子诸阶、诸阳考科举之事，认为这么年轻的孩子，此时最应该做的事不是去考科举，而是韬光养晦，学圣贤之说，以待厚积薄发。

信末，王阳明称自己不会辞职，因为百事孝为先，自己会遵从家里老人之意，继续把官做下去。

若干年后，诸经也遇到了类似的问题——被亲友劝去做官。亲友们一直觉得诸经饱读诗书，才华横溢，不去做官十分可惜，纷纷来相劝。诸经直接以“为善最乐”四个字回答了事。王阳明对诸经这种心态表示赞许，还特意做了一篇《为善最乐文》来纪念此事，称赞诸经“君子乐得其道，小人乐得其欲”。

二、阳伯非伯阳

王阳明创立了心学，点亮了中晚明思想的夜空，为流传几百年的儒家学说注入了一股清流。但是创立任何一种学说的道路都不是一帆风顺的，年轻时的王阳明也曾走过弯路，几近遁入道家空门。

道家的创始人是老子。老子本姓李名耳，字聃，一字伯阳，故有别名“李伯阳”。道家思想的鲜明特色就是崇尚自然，主张清静无为，反对斗争，即无为而治，潜隐退守，这和中国古代社会主流价值观，即儒家所追求的入世进取的精神还是有明显冲突的，所以，士子们一旦动了学道修身的念头，往往被认为是“不务正业”。

然而，面对残酷的现实，道家思想那种直指人心深处，从自然中寻找人生的自我救赎的学旨确实对年轻人颇有吸引力，圣贤如王阳明者，年轻时也曾有过沉溺于道教神仙术的经历。

弘治元年（1488），王阳明时年17岁，听随父命，赴南昌与诸让之长女成亲。

王阳明对成亲这件事远没有父亲、岳父二人这么热衷，因为此时的他正在思考着如何成为圣贤，并在成为圣贤的路上不断实践摸索，游侠、兵家、辞章他都试过，总感觉这些方法都无法使自己达成圣贤的愿望。于是他把眼光投向了道、释两教，想从其思想中寻找到照亮通往圣贤之路的明灯。

所以，此次赴南昌成婚之行，王阳明有自己一个小心思。他知道，江西道、释两教盛行，龙虎山还是张道陵修习炼丹之地，此次赴江西，想必对道、释两教有更多了解。带着这种“复杂”心情成婚的王阳明，在新婚之夜竟去了南昌翠花街上的铁柱观①与道长彻夜秉烛相谈。

---

① 铁柱观又名妙济万寿宫，始建于东晋，是用来祭祀净明道所尊祖师许逊的。宫左有井，与赣江水相消长，宫中有铁柱，传说是许逊所铸，用来镇压蛟螭之害者。许逊（239—374），江西南昌人，举过孝廉，当过旌阳令，是净明道尊奉的祖师。西晋末年，政局纷乱，许逊辞官东归，于南昌西山隐居。相传南昌洪水为患时，许逊带领人民力斩兴风作浪的孽龙，并在孽龙出入口，即南昌广润门左、翠花街西铸铁柱镇压孽龙。南昌人民感戴其恩德，于铁柱之地修建万寿宫以祭祀。

阳明一度潜心于佛道之学，直到贵州龙场驿数载，才悟得只有心为天地万物之主，从而找到了毕生致力之学——心学。当王阳明闻得内侄诸阳欲炼身修道，与昔年自己赴南昌铁柱观修道颇为相似，就写了一首诗寄给诸阳。

阳伯即伯阳，伯阳竟安在？大道即人心，万古未尝改。长生在求仁，金丹非外待。缪矣三十年，于今吾始悔。

诸阳是诸经的次子，字伯阳。王阳明正是借着这重机缘，劝诸阳切勿沉迷于道家炼丹养身之道，而是应该走儒家的圣贤之路。诸阳听从姑父的话，走上了儒学之路。

诸阳跟随王阳明在赣州学习一段时间后，向姑父辞行，启程回家。

王阳明对侄儿说："你在我这里学习几个月，也没问我什么问题，现在才来求教，不觉得有点晚吗？"

诸阳回答："老师，几个月没来求教，是因为我知道您对我传授知识一直无所保留，也希望您多传教；而如今就要分别了，以后聆听您教诲的机会就少了，故特来求教。"

王阳明闻听此言，说："我哪里有所隐瞒，学问就在那里，你不用眼睛去看，不用心去体会，只靠我传授，又有何用？你回去之后，若用尽你的全力去看去体会，还是没有参透学问的奥妙，这才真的是我教诲你的时候有所隐瞒。"

王阳明对其他内侄，也曾用"闲中书卷堪时展，静里工夫要日新"之语勉励他们读书学习。可以说，诸家儿郎有王阳明这样一个姐夫、姑父是非常幸运的。

第二节 姻亲谢氏

一、泗门谢家

小堂占尽一湖春，咫尺雨烟接市尘。

日日街头鲑菜满，不妨长作泗门人。

这是清代著名的余姚籍学者黄宗羲在余姚泗门避乱时写下的一首小诗。泗门在余姚西北面，此处绿水青山，风景秀丽。秦代以前，泗门全境还是浅海，汉晋时期，逐渐淤涨成陆，也渐渐有了人烟。

泗门谢氏和余姚王氏一样，并不是余姚的“原住民”。谢氏是炎帝之后，西周申伯为得姓始祖。西晋永嘉之乱时，由河南迁至会稽郡东山（今上虞上浦镇），史称东山谢氏。东山谢氏因出了谢安、谢玄、谢灵运等名人，渐渐成为和琅琊王氏齐名的江左望族。东晋时期，和琅琊王氏一样，家族中人颠簸流散，一支从江左南下，迁至余姚，在泗门镇安了家，称“泗门谢氏”。

泗门谢光甫故居。谢光甫，近代藏书名人，泗门谢氏后裔。

泗门谢氏素重以“善”治家，乡民们都称谢家为“善门”。到了明代，泗门谢氏的谢原广，年方20岁时，双亲就谢世了。谢原广年纪轻轻就独立撑起门户，照顾幼弟，兄弟间相亲相爱。谢原广的夫人严氏，虽出身于余姚望族，但并不奢靡浪费而且心地善良。每每有人论及伤人害物之恶事时，严氏都用手遮住耳朵，以免玷污双耳，碰到路边有乞讨的人，都会拔下自己的钗簪施舍给他们。谢原广儿子生性至孝，得知母亲的善行，不仅没有责怪母亲，反而拿出银钱为母亲添置钗簪，谢氏母子母善子孝在泗门传为美谈。

谢氏一族真正发达，是到了谢原广的曾孙谢迁这一辈。谢迁科场连中两元，成了成化十一年乙未榜的状元；其弟谢迪于弘治十二年举进士，官至广东左布政使；谢迁次子谢丕又于弘治十八年高中探花，父子二人先后高中一甲前三名，史册少有。谢氏家族也因谢迁而满门荣耀，从谢迁开始往上数三代的曾祖、祖父、父亲，累赠光禄大夫柱国、太子太保、礼部尚书兼武英殿大学士，谢迁的曾祖母严氏、祖母余氏、母亲邹氏，皆累赠一品夫人。从谢迁往下数三代，皆有荫封，谢氏一族科第蝉联，渐成望族。

泗门谢迪府第牌匾

谢迁高中状元后官运亨通，弘治八年（1495），谢迁入阁参政，与李东阳、刘健同辅朝政，时称“天下三贤相”。谢迁虽身居高位，却有一颗赤子之心，每当家乡遇到灾荒，谢迁都毫不犹豫地施予。余姚泗门镇濒临杭州湾，时有海灾发生，正德七年（1512），泗门镇东南海水倒灌，冲溃了海堤，淹没了万余农家，致使流尸遍野。这么多尸体流落在外无人安葬，这不仅对死者不敬，而且容易引起灾后瘟疫。谢迁自己出钱，招募了若干壮士，帮助掩埋流尸，并且吩咐泗门老宅的管事派钱粮给灾民。谢迁考虑到家乡久为海灾困扰，皆是由于防灾基础设施建设不到位，便修书地方政府一定要加厚加固海防堤坝，让百姓永远远离海灾困扰。谢氏善举义行，为余姚老百姓世代传颂。

二、明代朝堂上的“余姚势力”

正德元年（1506）孝宗驾崩，武宗即位。孝宗去世时才36岁，弥留之际，将儿子朱厚照托孤于刘健、谢迁、李东阳三位大臣，希望三位大臣时常劝他勤于修习读书，辅佐他成为一代贤君。

但天不遂人愿，朱厚照生性顽劣，登基后，做的糊涂事一桩接一桩，朝政昏庸。

刘瑾、马永成、高凤、罗祥、魏彬、丘聚、谷大用、张永八个太监组成的“奸佞集团”，利用武宗年轻好游戏的性格，天天领着皇帝以狗马鹰犬、歌舞角抵为戏。三位托孤老臣接二连三地奏疏，可是武宗置之不理，三位老臣只得以集体辞职相威胁。

没想到武宗不吃老臣这套，于是刘健、谢迁只得致仕回到老家。刘、谢二人是前朝托孤重臣，在朝堂上素有威望，如今无罪被遣退休，自然掀起轩然大波，朝中正直的大臣们纷纷上疏为二人鸣不平。对于这些上疏的大臣，刘瑾加以廷杖处理，当下打死打伤者众，王阳明也因给被杖责的官员求情而被刘瑾发落到诏狱。

刘瑾对谢迁等的迫害并没有结束。这次杖责官员的事件使他发现：朝堂上竟然有这么多余姚籍的官员，以至于他惊呼：天下这么大，就没有德行之士了吗？何以都来自余姚，其中必然有人徇私，矛头直指前阁老——余姚人谢迁。攀附刘瑾的焦芳、刘宇等人先是将余姚周礼、徐子元、许龙等人打入诏狱，接着追夺谢迁的诰命，追还所赐玉带服饰，将谢家有封赏功名的人员一律削籍为民。刘瑾深怕朝廷中“余姚势力”东山再起，于是借武宗名义下发一条诏令：从此余姚人不得选京官。诏令一下，在京为官的余姚籍乃至浙江籍官员纷纷避走保命，王阳明的父亲王华也因与谢迁过从甚密，离开为官几十载的京城，来到南京做吏部尚书。

谢迁的弟弟谢迪、儿子谢丕也都从北京官场回到余姚老家。谢丕，字以中，号汝湖，因父祸罢官后，于家乡泗门创东山、丛桂两座书院，谢丕官做得好，书也教得好，立教重经义，治学有苏湖学风，培养了吕本、邹绚、诸燮等一时俊彦。吕本就是后来在山阴和王阳明家做邻居的吕阁老。

宦海沉浮总不易，却道此志谁与共。谢迁与王家父子同朝为官，共进共退。谢迁还是王家悲欢离合的见证人。当谢迁得知王华添了孙子、从曾孙的时候，即挥毫泼墨，写了一首《贺龙山太宰得孙及得从曾孙志喜各一首》相赠：

槐分世谱几千叶，兰茁庭阶第一孙。
佳气充闾连故里，德星照夜自初昏。
两朝旧笏龙光远，万卷遗书手泽存。
燕翼不须廑作室，于公只合再高门。

群从孙多又见曾，一门福履更谁胜。
光昭世德槐阴密，欢动慈颜鹤算增。
瀛海仙源流庆泽，丹山雏凤协休征。
鸿胪复有熊罴梦，伫听君家燕喜声。

嘉靖元年，王华病逝。谢迁痛失挚友，回想年少时和王华、黄珣、陆恒结社唱和，可谓是书生意气，挥斥方遒，及至长成，与王华先后获得省魁殿元，可谓是余姚双璧。几十年间，谢迁与王华的关系可谓是“乡曲宦途，相与周旋；迄于归老，复缔姻连”。没想到仅仅过了7年，王华的儿子王阳明也去世了，时年80岁的谢迁亲自赶赴山阴王府致祭，并亲作祭文。在谢迁眼中，王阳明是看着长大的世侄，是为国家建立奇功的栋梁，是世人所崇的伟大学者。王阳明逝世，谢迁很是哀痛，形容这种感觉是“九原茫茫，其亦知予之悲乎”。

泗门谢氏与余姚王氏有着几乎相同的发展历程，同样是耕读世家，中微百年，又是因家族男丁高中状元而振兴，接着又出现接续家族荣光的第二代，将家族精神继续传承。王、谢的姻亲关系是由王华长子王阳明与谢迁仲子谢丕同为连襟而形成的，加上王阳明和谢迁的弟弟谢迪同科，两家因着重重关系以及家族中家风理念和治家准则相近，关系至为亲密，两家间山高水长的交谊在余姚传为佳话。

第六章

西风逐晚霞

十一月的广东，夕阳西下，秋风裹着金黄的树叶，吹打在王阳明的脸上，分外凄凉。王阳明挣扎着用双手费力地支撑着自己消瘦的身体，半倚在他的学生、广东布政使王大用的官署客房的窗前，目光深邃而忧伤。王阳明此行来广东，并不是光明正大的，可以说是偷偷进行的，因为身为南京兵部尚书、都察院左都御史的王阳明，在没有得到朝廷允准的情况下，私自从广西梧州取道进入广东韶州、南雄一带，想在此地等到圣上准允其退休致仕的恩旨，就可以直接由赣州经运河回浙江。彼时，王阳明的想法很简单，只想尽快回到家乡，回到亲人的身边，过好剩下的人生路，可是，令王阳明没有想到的是，这个简单朴素的想法，给他身后的王家带来的几乎是灭顶之灾。

第一节 身后蒙尘

一、王阳明“入阁”

嘉靖八年（1529）二月，距离王阳明逝世仅三个月余，嘉靖皇帝下旨：“守仁放言自肆，诋毁先儒，号召门徒，虚声附和，用诈任情，坏人心术。……但兵无节制，奏捷夸张。近日掩袭寨夷，恩威倒置。所封伯爵，本当追夺，但系先朝信令，姑与终身。其殁后恤典俱不准给。”三个月前，王阳明还是学生眼中的好老师，百姓口中的国之栋梁，转瞬间便成了皇帝口中“邪说”的鼓吹者、好大喜功的“佞臣”，朝堂之上的正义之臣纷纷提出异议，可是嘉靖帝的心坚如磐石，依然下诏禁王学，停恩恤世袭。究竟嘉靖帝和王阳明有怎样的恩怨，致使他如此和一个已经谢世的人过不去呢？

嘉靖，是明朝第十一位皇帝明世宗朱厚熜的年号。朱厚熜在位45年，此间发生诸多影响中晚明政治走向的大事，也出过像严嵩、高拱、张居正这样他日左右中晚明历史的著名首辅。世宗并不是武宗的亲儿子，武宗在30岁的盛年，就因为游戏人间而死于他所钟爱的豹房。

豹房，原是豢养虎豹猛兽,以供贵族观乐的地方。明朝宫廷养豹、建豹房，似乎是从宣德朝开始的。武宗是明代诸位皇帝中最热衷于豹房嬉乐的，他即位的第三年，就从紫禁城大内搬到了皇城西北的豹房居住，直到正德十六年他去世，豹房实质上成了大明皇帝起居和处理朝政的地方。

按照明朝内廷的规制，皇帝的寝宫是乾清宫，是内廷三殿的首殿，与外廷三殿同处于皇宫由南到北的中轴线上。乾清宫被视为皇帝的正寝，显示着帝王的尊贵身份。皇帝居于乾清宫是一种常规，武宗这种打破常规之举，常常被朝中老臣诟病为不思进取、只图享乐。

由于武宗死后没有亲生儿子承继大统，其母张太后与阁臣共同商议，迎立武宗堂弟、孝宗的弟弟兴献王长子朱厚熜为新帝，庙号世宗，年号嘉靖。

世宗龙椅还没坐热，明中晚期著名的政治事件“大礼议”就热热闹闹地拉开帷幕。“大礼议”绝不是表面上世宗给他父母争一个名分这么简单，还涉及新帝政权和朝中老臣势力的权力争夺。年轻的皇帝迫切希望得到像王阳明这样在朝野内外都很有号召力的重臣的支持，可是王阳明本人始终保持远离政治旋涡。他的弟子们很想知道老师的态度，就纷纷来问，谁知平时十分热衷解答学生问题的王阳明遇到这类问题竟然避而不答。王阳明这种暧昧的态度让世宗很是恼火。

后来，王阳明巡抚两广期间，朝中又有了声援王阳明“入阁”的声音，这让世宗很是心烦。

这里的“阁”，指的是明代的“内阁”。明代中央行政的一大特点就是废除了传统的宰相制度而实行内阁制度。洪武十三年，明太祖受到谋逆宰相胡惟庸的教训，决心对中央行政机构来一次大改革，罢左右丞相，废中书省，其事由六部分理，另设殿阁大学士作为皇帝的顾问，结束了中国的宰相制度。渐渐地，内阁职权渐重，兼管六部尚书，成为皇帝最高幕僚和决策机构。到正德年间，内阁大学士虽无宰相之名，实有宰相之权，“入阁”成了朝中文官的终极人生目标。

其实，早在王阳明平息宁王朱宸濠叛乱，回绍兴老家休养之时，就有支持其“入阁”的声音。一直到了嘉靖三年，王阳明父丧三年守孝期满，依例应该起复任职，关于他“入阁”的议论就没断过。照说以王阳明文武兼备的能力，入内阁秉枢机着实不为过，可是嘉靖帝就是不让王阳明“入阁”。到了嘉靖六年，王阳明巡抚广西出发前夕，“入阁”之声又起，王阳明曾经的学生、时任光禄寺少卿的黄绾上疏，请求皇上追论王阳明江西军功，并希望皇上另择良臣去广西平乱，让王阳明和大学士杨一清一起入阁。对于这位“大礼议”时的功臣黄绾，嘉靖帝并没有当面给他难堪，只是说仍让王阳明赴任广西，至于入阁之事，等广西之事平定再说。这其中关节，除了早年“大礼议”时结下的梁子，恐怕还有嘉靖帝对王阳明和王学的忌惮。

二、人走茶凉

嘉靖七年十月十日，王阳明在平定广西思、田叛乱后，写下了人生最后一道奏疏《乞恩暂容回籍就医养病疏》，在久候朝廷批复未果的情况下，拖着仅剩的一口气，从广东借道江西，准备回绍兴老家，却于当年十一月病逝于江西南安青龙铺，终年57岁。

嘉靖八年正月，北京城格外寒冷，连下的几场雪，似乎像是老天在为王阳明这位国之栋梁、思想巨人的陨落而哀伤悲戚。就在王阳明的儿子正宪和门中子弟张罗着将阳明棺椁带回绍兴之时，北京的内阁大臣等人奉皇帝旨意，召开会议讨论王阳明身后待遇问题。首先传达了嘉靖帝对王阳明的批示，个中有“擅离重任”“学术事功多有可议”等语，然后群臣讨论，各抒己意。

时任吏部尚书桂萼领会嘉靖旨意最得力。桂萼字子实，号见山，江西人。其为学宗奉程朱理学，所以一向对王阳明不怎么看上眼。他率先弹劾王阳明擅离职守，并且称王阳明学说“非朱熹格物致知之论”。嘉靖帝本来就恼怒王阳明专擅秉权，有了桂萼的撺掇，让吏部讨论王阳明的“罪行”。会官要详定王阳明功罪的消息一经传出，激起了部分阳明支持者的义愤，反应最激烈的是王阳明的旧相识，日后的亲家黄绾。

黄绾在“大礼议”中表现出色，受到嘉靖帝的器重，当他得知王阳明或有可能被问罪，急忙向嘉靖帝奏疏。在这份奏疏中，黄绾历数王阳明的四大功劳：平南赣叛乱、平宁王叛乱、招抚广西瑶民、平八寨大藤峡民乱，还在奏疏中归纳了王阳明的学说。最后黄绾动情地写道：“守仁客死，妻子孱弱，家童载骨，藁埋空山，鬼神有知，当为恻然。”

或许是黄绾等人的据理力争起到作用，嘉靖帝最后的旨意是“所封伯爵，本当追夺，但系先朝信令，姑与终身。其殁后恤典俱不准给。都察院仍榜谕天下，敢有踵袭邪说，果于非圣者，重治不饶。”也就是说，王阳明本人“新建伯”的爵位保住了，但世袭、铁券、恤典全没了，而且王阳明几经艰辛创立的王学也变成了“伪学”，禁止传播。这一切，给他的家族后裔带来沉重的政治包袱，在王阳明逝世后的近40年里，王阳明的两个儿子王正宪、王正亿的生活几乎可以用“狼狈”来形容。

第二节　平反昭雪

从嘉靖八年开始，王氏家族背负着沉重的政治包袱走过了40年。好在王氏家风甚严，阳明在世时，就经常告诫族人为善不为恶，因为为善之人，不仅宗族亲戚会喜欢，乡党朋友会敬重，就连鬼神也会敬而远之。为恶之人，不仅宗族亲戚会讨厌，乡党朋友会怨恨，就连鬼神也会来找麻烦。积善的家族，年年有余，积恶的家族，年年遭殃。千万不要想着睚眦必较、有仇必报，遇事切记含忍退让。值得欣慰的是，王氏子弟都记住了王阳明的教诲，在家族蒙冤的40年间，怀着一颗忍让为善之心，静静地等候沉冤昭雪之日。

嘉靖四十五（1566）年，嘉靖皇帝驾崩。嘉靖帝虽不是一个出色的皇帝，执政期间奸臣乱朝，南有倭寇，北有鞑靼，民不聊生，大明江山在他手里愈发地走向颓势，但临死前给继任者穆宗留下了徐阶、高拱、张居正等非常优秀的文官班底。

穆宗一上台，坊间关于王阳明平反的呼声就热闹起来。虽然王阳明逝世后三个月，王学被官方定为“伪学”遭到了禁止，可是民间从来没有承认过王学是“伪学”，而且王阳明的爵位并没有被褫夺，所以从嘉靖十三年开始，各地新建伯祠、王公祠渐渐多了起来，《王阳明文录》《朱子晚年定论》《传习录》等书也在坊间流行起来。

最先挑开“平反”王阳明这个话题的是给事中辛自修、岑用宾，他们借着给穆宗宣读诏书的机会，请求给王阳明平反。当时在京城任职的王阳明弟子薛侃抓住这个机会，上疏一份名为《辨明功罚疏》的奏折，请求落实王阳明赠谥、祭葬、荫子等各项待遇，尤其还着力提出了应该给王阳明祭七坛的待遇。

祭坛，是明代官员恤典中遣官谕祭的一项常见内容，体现了朝廷对死者的哀悼与褒奖。明代针对官员的谕祭制度到了隆庆年间已经非常完备成熟了，基本上生前当过三品官的人，都能够享受祭一坛的待遇。谕祭坛数越高，说明身份地位越高，越受到皇帝的重视。比如万历首辅张居正，过世的时候就享受了祭十六坛的待遇。

当年王阳明殁后，虽然王门子弟把王阳明的身后事办得隆重得体，但终究是非官方行为，所以王门子弟们非常希望能够使老师能按照生前的官品、爵位礼葬，这样也有利于王学的正名。隆庆元年（1567）五月，穆宗下旨：“病故大臣有应得恤典赠谥而未得者，许部院科道官议奏定夺。”在朝为官的王门子弟耿定向等人及时上疏，称王阳明“功勋道德，宜膺殊恤”。在多方努力下，隆庆二年（1568），王阳明嗣子王正亿袭伯爵，穆宗诏告天下，对王阳明一生功德作了高度评价。至此，王阳明的沉冤终于得到了昭雪，恢复了爵位，补赠谥号，并落实了各种待遇，包括最重要的爵位世袭。

恢复王阳明名誉之事能如此快速地解决，隆庆初年内阁首辅徐阶起到了重要作用。徐阶（1503—1583），字子升，号少湖，松江府华亭（今上海松江区）人。嘉靖二年以探花及第，授翰林院编修。徐阶在嘉靖朝严嵩父子当道时能久安于位，后又审时度势，斗垮了严嵩父子，取代严嵩担任内阁首辅，其政治嗅觉和敏感性非一般人能比。徐阶一生受王学影响甚深，他的坐师聂豹是江右王门著名学者。他们相识于华亭县学，彼时聂豹是华亭县知县，徐阶是华亭县学秀才。一日，邻县上海县知县郑洛书前来拜访，聂豹约其一同去县学逛逛。县学里，秀才们正埋头读书，气氛很压抑。原来这次乡试，华亭、上海两县无一人中举。为了缓和紧张的空气，聂豹随口说道："上海秀才不第，只为洛书。"

听见朋友的调侃，郑洛书不慌不忙，应声答道："华亭百姓当灾，皆因聂豹。"

"洛书"谐音"落输"，"聂豹"谐音"业报"。两人对答得妙趣横生，讲堂的气氛活跃起来。

这时，一个声音传来："原来洛书不落输，居然业报是善报。"

这句话更有意思，预示着聂豹治理有方，秀才们依然斗志昂扬。

聂豹记住了这个叫徐阶的秀才。

次日，华亭县衙，聂豹和徐阶进行了一次长谈，这次长谈中，聂豹极其敏锐地发现，徐阶是棵心学的好苗子。至此之后，徐阶成了聂豹的学生，王阳明的二传弟子。

徐阶对“知行合一”的心学理解得很是透彻，在其此后的人生中很着意地以阳明后学自居，即使在风声鹤唳的嘉靖朝时期，徐阶仍不避讳以阳明信徒身份示人。嘉靖十八年（1539）徐阶担任江西提学副使，有幸来到先师祖王阳明的第二故乡——江西，在这里徐阶看见士人百姓将王阳明奉为神灵，书像请于祖堂，很是欣慰。为了纪念先师祖，让同门能够时时缅怀师祖遗风，徐阶就将画像临摹下来，一共临摹了三幅：燕居像二幅、朝衣冠像一幅。徐阶还在南昌兴建了仰止祠，用来祭祠王阳明。

第三节 孙辈后裔

一、有子承勋 承继勋业

明神宗万历初年，神宗生母、慈圣皇太后李氏下诏礼部为明神宗朱翊钧选后举行选秀，浙江绍兴府余姚县籍秀女王喜姐入选。万历六年（1578）正月，年仅13岁的王喜姐与朱翊钧正式举行大婚仪式，被册立为皇后，是中国历史上在位时间最久的皇后。

王皇后父亲王伟，浙江余姚人。王家世代清贫，亲族中也无显赫之人，王伟在未成为国丈之前，在工部做从九品小官。王皇后尽管出生于京城，却无显贵之亲可为奥援，想着自己本籍余姚，就攀扯余姚新建伯王正亿是其亲族，以显荣耀。

万历五年（1577），新建伯王正亿逝世，长子王承勋袭爵。王承勋，字叔元，号瑞楼。王皇后攀附余姚王家的时候，正值王承勋袭爵的第二年，当时他在京城任前军都督府佥书。王皇后传旨要在坤宁宫召见新建伯王承勋，叙叙亲谊，谈谈故乡风物。坦白地说，王皇后这个亲认得实在牵强，因为王皇后的祖上本姓黄，因避明初勾军之苦而改姓为王。对此，王承勋心知肚明，却也无法道破，就这么尴尬地将这门贵亲认了下来。

坤宁宫里王皇后和王承勋相谈甚欢，王皇后还赐予王承勋许多珍异古玩。不久，朝廷下旨，王承勋高升南京守备，自此王承勋官运亨通。万历十九年（1591）王承勋提督操江。明代设操江提督署理南京，领上、下江防事，操江提督职位的重要性不言而喻。第二年，王承勋升任漕运总兵。

漕运，是中国古代封建王朝将征自田赋的部分粮食，利用水道（河道和海道）运往京师或其他指定地点的一种运输方式。漕运关系宫廷消费、百官俸禄、军饷支付和民食调剂，所以历朝历代都十分重视漕运主官的选任。明初，以武臣督漕，是为漕运总兵。到了景泰年间，始设漕运总督，并选任文官，开始出现总兵和总督共治漕运的局面。整个明前中期，漕运总兵的地位是要高于漕运总督的。不过到了正德年间，总督有逐渐凌驾于总兵之上之势。

王承勋兢兢业业地在漕运总兵之任上干了20年。旧制以漕运总兵为尊，时任漕运总督李三才到任后，反而“以气凌驾之”于王承勋之上。王承勋自幼跟在王正亿身边，从小习得王氏谦让家风，并不以李三才无礼为意，反而“移坐其下”，避免了一场官场龃龉。

万历三十五年（1607）王承勋因在漕运总兵任上表现优异，加封太子太傅，准允着“皇亲品服”。王承勋能受到朝廷的如此褒奖，除因和王皇后的“亲属”关系外，更多的是他在漕运总兵任上清正廉洁。众所周知，明中期漕运职务犯罪每年常新，能够在此“肥差”上明哲保身，得益于余姚王氏的优良家风。

万历四十年（1612），王承勋请辞漕运总兵回乡养老，朝廷也撤销了漕运总兵的官秩。王承勋成为明朝最后一任漕运总兵。

退休后的王承勋回到山阴伯爵府安享晚年。王承勋擅长吟诗，通过诗歌挥洒灵性，涵养风骨。晚年的他常常在故居碧霞池边的天泉桥上吟风弄月，既缅怀先人，又抒写胸臆。

二、明末乱世的忠臣

余姚王氏传至“先”字辈男丁，已经到了明末祚讫运移之时。身处此情此境的官员士子都面临一个艰难的选择：苟活抑或殉国。明清易代之际，余姚王氏男丁也面临这一选择。

余姚王氏祖上历代不乏忠义之士。远有汉代王吉，忠直屡谏犯君颜，近有阳明五世祖，马革裹尸千里还。所以余姚王家家风上就有为国尽忠之根，到了易代末世，益发凸显。

崇祯十七年（1644）1月1日，李自成在西安称帝，国号大顺，年号永昌。随即分兵两路发动了东征。短短两个月，大顺军长驱直入轻取大同、宣府，北京西北侧已被打开了缺口。3月15日大顺军由居庸关入迫京城，3月17日大顺军开始攻取北京城，到18日晚上，北京外城攻破。3月19日崇祯帝在煤山上吊自杀。

最终大明276年国祚以“君王死社稷”的惨烈结局而告终。在北京保卫战中，有姜瓖、王承胤、刘泽清、唐通这样迅速投降李自成的高官，也有新建伯王先通这样为国捐躯的志士。

王先通，字季贯，号则阳，是王阳明的曾孙，在崇祯十三年承袭新建伯，任前军都督。崇祯十七年三月，王先通接到命令，为齐化门防守主官。因先通部署得当，大顺军久攻齐化门不下。可惜，3月18日下午3时，宦官曹化淳开启彰义门（广安门）投降，大顺军直接占领北京外城。北京城有外城七门、内城九门、皇城四门之说，彰义门（广安门）一破，一时间大顺军马骑充满街市，眼看内城将要不保。王先通虽明知已难回天，仍然坚持巷战，单手持刀杀了敌军数人，最终寡不敌众，被大顺军俘虏。王先通被带到大顺军主官面前，破口大骂，大顺军主官大怒，命左右割下王先通舌头，先通犹自含血喷敌，大顺军主官又大怒，下令剖开他的胸膛取出其心脏，王先通就这样惨烈地以身殉国，喋血京城。后来南明福王感念其忠义，准其灵位入旌忠祠。

余姚王氏在明末乱世不止出了王先通一位忠臣。王阳明异母弟弟王守俭的曾孙王先铎也是一位忠臣。王先铎是万历三十七年（1609）的举人，当过江西临江府的推官，后来又做了河南彰德府同知。崇祯十六年（1643）大顺军接连攻陷河南渑池、伊阳、卢氏。王先铎死守彰德府城，于当年7月2日战死。

崇祯帝自杀后，一些明廷遗臣不甘心国破山河碎，纷纷拥立明帝后裔于南方建立起若干政权，时称南明“四帝一王”。

首先是福王朱由崧在南京建立的弘光政权。明遗臣们一度认为可以在福王的带领下，以南京为据点，反攻北京，重拾旧日河山。当时，在众多随着福王南下的明廷遗老中，还有最后一代新建伯王业泰。王业泰是王先通的长子，先通英勇就义后，业泰依例袭封新建伯，虽然此时的新建伯只是半壁江山还不到的南明政权中一个有名无实的爵位，但王业泰始终牢记忠君爱国的家风，在袭封伯爵时，奏请准许终身着丧服为国守丧，得到了福王的应准。然而，清军快速南下，围攻扬州，扬州城池破，清军屠城，史称“扬州十日”。不久，南京陷落，弘光帝被俘获，王业泰也被俘到清军营帐中。考虑到王业泰身份特殊，一来是南明政权的伯爵，二来是大儒王阳明的子孙。清政权知王阳明在士子们心中的分量，若能将王业泰收归己用，无疑有益于江南士子顺服清政权。于是，劝降的人来了一拨又一拨，许以比新建伯更高的爵位，王业泰始终不为所动，末了，以“我王家世代受国恩，忠义节操永远不变，唯有一死以报君父于地下”之语自残而死。至此，随着明朝灭亡，余姚王氏新建伯的爵位就此终结。

清代至民国年间，余姚王氏回归民间，子孙中再无仕宦显贵之人，倒也遵循了明初余姚王与准、王杰、王伦他们秉承的隐逸自守的家风。

结　语

2016年夏，我伫立于浙江省绍兴市越城区王衙弄19号的王阳明故居遗址前，凝神长思。

距此地仅半小时车程的是依托中国近代绍兴名人鲁迅先生故居所营造的著名旅游景点——鲁迅故里风景区，和鲁迅故里风景区的热闹熙攘相比，此处的王阳明故居显得分外落寞清冷，实在难以想象在距今五百年前的明朝，这里也曾是士子云集、官宦往来的热闹所在。经历过多次兵燹和火灾的洗礼，如今王阳明故居仅存的，只有一间半的故居老屋和屋前碧霞池、观星台等原物。当年一池碧水、花团锦簇的碧霞池，如今已是水质发红的一潭死水，边上遗世而立的三柱石砌门槛仿佛在向来往行人诉说着这伯府第百年沧桑。

是的，时间是最妙的圣手，它能带走百年的繁华，带来今日的落寞，它能变沧海为桑田，变今夕为昨日。或许，有些东西会随岁月流转，雁过无痕，但必然有一些东西会镌刻在人的心中，永难磨灭。

我想，家风就是其中之一。

王阳明是圣贤、是能臣，他留给世人的除了传诵百年的心学、彪炳史册的战绩，当然还有绍泽绵长的王氏家风。

那么，王氏家风究竟是什么呢?

第一，孝悌传承。余姚王氏是东汉末年孝子王祥、友悌楷模王览的后代。孝悌二字从那时起就深入王氏子弟的骨血之中。王阳明自己曾说过："吾家祖父以来，世笃友爱。"他写给儿子王正宪的书信《示宪儿》，被后世视为"王阳明家训"，其开篇第一句就训诫其儿"勤读书，要孝弟"。

孝与悌是王家世代秉承的家风。王阳明的父亲王华，年已七旬仍彩衣娱亲，不畏猛虎为父守丧，是绍兴一代有名的孝子。王阳明的两个儿子正宪、正亿，虽不是同胞兄弟，却和睦友爱，在爵位财产面前，正宪能做到始终谦让弟弟。

第二，忠义良风。王氏祖上曾有王吉、王纲这样的节义忠臣，所以王家儿郎但凡为官，都心念忠诚于国。王阳明为官近三十载，为朝廷披肝沥胆，甚至死在官任上。王家儿郎在易代之际更显气节，王先通、王先铎、王业泰等人，虽无大功于朝廷，亦无甚学问留世，却也忠君死节，以全名节。

第三，蒙以养正。《易·蒙卦》有云"蒙以养正，圣功也"。人的道德养成始于孩童、终于垂耄，是一件终其一生之事。王阳明认为，只有儿童时期的"良知"最净明，受蒙蔽也最少，其仁爱之心皆是"良知"本体的自然自发的表现，在人的儿童时期教导他们知善、乐善是最有效果的。王阳明幼承庭训，受到了祖父王伦严格而全面的启蒙教育，养成了良好的心性。成年以后，王阳明仕宦常年在外，仍不忘记以书信形式教导尚处于启蒙阶段的儿子、侄儿们“勤读书”“早立志”“学做人”“做好人”。

第四，隐逸无求。王阳明从28岁中进士始，一直都在做官，官越做越大，但也似乎越来越不开心。王阳明的内心向往和他的祖先王与准、王杰一样过性喜山水、不以显达为贵的隐逸人生。这或许是受祖上隐逸遗风的影响，抑或是为官之路坎坷经历的无奈。余姚王氏自清朝以来，未曾有显要的仕宦之人，想来就是继承了王氏隐逸无求的家风。

别过绍兴王阳明故居，这本《蒙以养正泽后世——王阳明与王氏家风》也要结尾了。付梓在即，着实惶恐，以我稚嫩笔力、浅薄知识，实在是难以穷尽阳明家风之全貌。书中错漏不妥之处，还望读者不吝赐教，定当虚心改正。

参考文献

[1]班固.汉书[M].北京：中华书局，2005.

[2]房玄龄，等.晋书[M].北京：中华书局，1974.

[3]朱熹.四书章句集注[M].杭州：浙江大学出版社，2012.

[4]王守仁.王阳明全集[M].吴光，钱明，董平，姚延福，编校.上海：上海古籍出版社，2012.

[5]王守仁.王文成公全书[M].王晓昕，赵平略，点校.北京：中华书局，2015.

[6]王守仁.传习录全集[M].王先华，译注.天津：天津人民出版社，2014.

[7]王阳明.王阳明全集[M].北京：线装书局，2012.

[8]沈德符.万历野获编[M].北京：中华书局，1959.

[9]张廷玉，等.明史[M].北京：中华书局，1974.

[10]黄宗羲.明儒学案[M].沈芝盈，点校.北京：中华书局，2008.

[11]吕思勉.两晋南北朝史[M].上海：上海古籍出版社，2005.

[12]王兆军.书圣之道：王羲之传[M].北京：作家出版社，2014.

[13]李洵.正德皇帝大传[M].沈阳：辽宁教育出版社，1993.

[14]林乾清.嘉靖皇帝大传[M].北京：中国社会出版社，2008.

[15]钱明.阳明学的形成与发展[M].南京：江苏古籍出版社，2002.

[16]赵家三郎.唯心有物：王阳明正传[M].南京：江苏人民出版社，2012.

[17]董平.王阳明的生活世界[M].北京：中国人民大学出版社，2009.

[18]杨东标.此心光明：王阳明传[M].北京：作家出版社，2014.

[19]方志远.旷世大儒：王阳明[M].石家庄：河北人民出版社，2000.

[20]朱思维.王阳明巡抚南赣和江西事辑[M].南昌：江西人民出版社，2010.

[21]周月亮.大儒王阳明[M].海口：海南出版社，2010.

[22]卢永康.王阳明谪黔遗迹[M].贵阳：贵州人民出版社，1999.

[23]华建新.王阳明诗歌研究[M].合肥：安徽人民出版社，2008.

[24]余怀彦.王阳明与贵州文化[M].贵阳：贵州教育出版社，1996.

[25]度阴山.知行合一：王阳明家训[M].南京：江苏凤凰文艺出版社，2016.

[26]钱明.王阳明及其学派考论[M].北京：人民出版社，2009.

[27]华建新.姚江秘图山王氏家族研究[M].宁波：宁波出版社，2010.

[28]冈田武彦.王阳明大传[M].重庆：重庆出版社，2015.

[29]牟复礼，崔瑞德.剑桥中国明代史[M].中国社会科学出版社，1992.

[30]王润承.教育的正位：蒙以养正——试论《易经·蒙》的教育思想

[J].科技信息，2007（29）.

[31]杨平，李萃茂.论王阳明“启蒙之道”[J].太原大学教育学院学报，2010（3）.

[32]阳桃.略论明代的内阁制度[J].黑龙江史志，2011（11）.

[33]王宇.合作、分歧、挽救：王阳明与议礼派的关系史[J].中山大学学报（社会科学版），2009（6）.

[34]邵宪振.嘉隆万时期内阁政治研究[D].济南：山东师范大学，2012.

[35]李佳.论明代的君臣冲突[D].沈阳：东北师范大学，2011.

[36]朱帅.论明代绍兴府余姚县科第蔚盛与地域社会[D].上海：复旦大学，2010.

[37]李奇飞.明代漕运总督研究[D].南昌：江西师范大学,2015.

[38]宋继刚.明代文官恤典研究[D].沈阳：东北师范大学，2015.

[39]高进.政治人格与人际生态的张力——以谢迁“余姚人毋选京官”事件为中心[J].西南大学学报（社会科学版），2015（11）.

[40]肖金.王阳明与嘉靖帝关系研究[D].沈阳：东北师范大学，2010.

本书承蒙江西科技师范大学校级重点项目（“传统家风与现代家教”，项目编号：2016XJZD014）对本书撰写的大力支持，特此感谢。